Jean-Luc MALANGO KITUNGANO
Guillaume NYAMAZABO KANGELE

Missions et Eglises en Afrique hier et aujourd'hui

Jean-Luc MALANGO KITUNGANO
Guillaume NYAMAZABO KANGELE

Missions et Eglises en Afrique hier et aujourd'hui

Eglises chrétiennes et contestations du pouvoir politique au Congo-Kinshasa

Éditions Muse

Imprint
Any brand names and product names mentioned in this book are subject to trademark, brand or patent protection and are trademarks or registered trademarks of their respective holders. The use of brand names, product names, common names, trade names, product descriptions etc. even without a particular marking in this work is in no way to be construed to mean that such names may be regarded as unrestricted in respect of trademark and brand protection legislation and could thus be used by anyone.

Cover image: www.ingimage.com

Publisher:
Éditions Muse
is a trademark of
International Book Market Service Ltd., member of OmniScriptum Publishing Group
17 Meldrum Street, Beau Bassin 71504, Mauritius
Printed at: see last page
ISBN: 978-620-2-29810-0

INTRODUCTION

« Missions et Eglises chrétiennes en Afrique », est un essai sur les différentes facettes du christianisme en terre d'Afrique. Communicologue du politique et des institutions, le directeur de cet ouvrage est un ancien jésuite. En collaboration avec son assistant à la Faculté de Théologie ; ils remuent la question de la « paupérisation de notre foi d'africain » laquelle peut intriguer.

Invité pour donner le *Cours d'Histoire de l'Eglise en Afrique et en République démocratique du Congo* dans la promotion de première licence en Théologie pastorale (Université Libre Baptise au Congo : 2019), l'idée cet outil en missiologie est née.

L'histoire des dogmes est éclairant pour cet ouvrage. Et le prêtre gallican Guillaume Nyamazabo nous fait découvrir à travers l'histoire du Royaume Congo, les vérités d'un semblant d'inculturation de la foi face à la tradition séculaire des bakongo.

En effet, certains débats sont d'actualité : tel l'affrontement qui marque aujourd'hui l'Eglise et l'Etat, alors que sous la colonisation occidentale, les deux sont – du moins dans l'espace belge catholique – des alliés indéfectibles en Afrique.

L'homme négro-africain est et a été victime, et souvent complice, de plusieurs marginalisations ou auto-marginalisations. Le jésuite et théologien E. Mveng a souvent parlé d'une paupérisation anthropologique du négro-africain, fruit de l'esclavagisme et de la colonisation sur longue durée ainsi que du néo-libéralisme économique sauvage.

D'autres auteurs sont allés plus loin en parlant de l'annihilation anthropologique. Les Eglises chrétiennes prises dans une logique d'exploitation du capitalisme colonial, ont souvent été dans une situation ambiguë et après les indépendances, l'ambiguïté n'a pas disparue. Au début, suppôt de l'entreprise coloniale d'exploitation (cas de la RDC), les Eglises ont pu prendre positions contre les méfaits de celle-ci (cas des dénonciations des abus des agents de Léopold II qui coupaient les mains, mutilaient et tuaient pour les richesses).

Cette pratique n'a pas disparue dans les espaces riches du Congo-Kinshasa (cas de Beni, Sud-Kivu, Kassaï). On acclame la partie civilisatrice de la colonisation mais celle-ci n'aurait jamais été possible sans la main bienveillante des missionnaires. Le christianisme dans les enjeux historiques a permis aussi de contrer l'Islam.

Le premier chapitre essaie de baliser le cadre théorique et méthodologique dans ce que nous appelons une mise en contexte. Le deuxième chapitre table sur des mots tels Ethique chrétienne, l'histoire, l'histoire de l'Eglise en Afrique et au Congo.

Le troisième chapitre ainsi le dernier chapitre développe quelques aspects de l'Eglise en République démocratique du Congo.

La méthodologie est l'herméneutique philosophique. C'est-à-dire une sorte de lecture et d'explicitation en spirale : Nous abordons un thème tout en progressant, nous y revenons en l'approfondissant.

CHAPITRE I. MISE EN CONTEXTE ET METHODOLOGIE

I.1. POUR UNE ÉTUDE DU RAPPORT DE LA THÉOLOGIE AVEC LA RÉALITÉ HUMAINE DU POUVOIR

La foi est la chose la plus ambigüe mais aussi la plus certaine. L'autre, celui pour qui la foi ne va pas de soi ou pour qui elle s'exprime différemment, cet autre qui se découvre tant à l'intérieur de soi-même que dans les relations matérielles, interpersonnelles et interculturelles, cet autre s'articule dans une pensée construite différemment mais non illogique voire irrationnelle : outre l'étonnement, cette source d'un possible désir de savoir ou connaître, c'est cet autre vers qui on est envoyé qui exige que l'on rende compte de la foi sur laquelle on fonde sa vie, de communiquer une certaine rationalité – et bien davantage car Dieu saisit l'être humain corps et âme. Le Chrétien est ou devrait être touché dans toutes les dimensions d'une vie : tout comme la révélation de Dieu se fait dans l'histoire et à travers les chairs humaines.

Qui pense, qui essaye de dire la foi, ne réinvente pas la roue ; la foi chrétienne lui vient des apôtres ; elle s'enracine d'abord dans l'Écriture sainte dont le témoignage est déjà dans la communauté croyante. La foi s'exprime, se clarifie, s'approfondit et se développe au fil des siècles dans la Tradition de l'Église, la liturgie tenant une place de choix, un premier rang à l'intérieur de celle-ci : *lex orandi lex credendi.*

De plus, la vie et l'œuvre des grandes figures chrétiennes, et plus particulièrement encore, des saints nous rendent présent, tangible, toujours à nouveau, la transformation que Dieu sait opérer en ceux qui l'aiment. Une telle affirmation a des conséquences car la tradition pose problème à certains croyants.

Car, elle ne peut primer sur les écritures, encore moins les saints ne peuvent nous faire oublier de regarder sincèrement le christ dans l'écriture : c'est là quelques lignes de force du protestantisme. L'âme de toute théologie est selon le protestantisme radical : l'Écriture sainte seule.

Loin de la réduire à un réservoir de références venant confirmer une doctrine – à laquelle le concile catholique accorde toute sa pertinence – le document du magistère catholique *Constitution dogmatique sur la Révélation divine « Dei Verbum »* renoue avec la tradition des Pères de l'Église considérant la théologie comme exploration et explication de la parole de Dieu, témoignant du Verbe de Dieu.

De fait, l'Écriture est désignée comme le lieu où Dieu le Père s'entretient avec ses enfants : le lieu originel et l'espace de réception sont alors la même relation personnelle continue, l'Alliance vécue à travers les différents aspects de la vie individuelle et ecclésiale.

Pour autant, je ne peux me leurrer, que la Bible est aussi parole humaine. Elle peut, elle doit aussi être soumise aux investigations des sciences humaines qui savent mettre en évidence son pouvoir fictionnel, culturel et politique comme son *Sitz im Leben*. Mais il reste à intégrer cet apport dans une compréhension du texte qui n'ignore pas sa spécificité théologique, qu'elle est l'œuvre d'une Co-création divine et humaine. Comment comprendre par ailleurs cette Co-création dans les aspects concrets de la genèse historique ?

Comment respecter la liberté et la possibilité de Dieu se révélant sans nier la participation pleinement humaine ? Comment enfin lire de façon à ce que ces paroles écrites transmettent l'annonce du Royaume de Dieu et l'appel à la conversion qui va de pair avec elle : ce fut bien là, le premier message du Christ.

Dès lors, il s'agit pour l'homme de tenir présent à l'esprit : l'ensemble de la foi et la continuité de l'histoire du salut. Au fil des siècles, la pensée théologique enracinée dans l'existence qu'elle contribue à former à son tour, a rencontré d'autres systèmes de pensée philosophique, théologique, religieux, culturels ou idéologiques.

Le Christ étant vrai homme, le Christ étant l'achèvement de l'être humain, rien ne peut ni ne devrait rester étranger au christianisme non plus. Une des critiques cinglantes du théologien Bouyer en ce qui concerne, non seulement la présentation de la philosophie moderne dans les manuels de philosophie utilisés dans les séminaires jusqu'après le milieu du XXe siècle, mais aussi le jugement souvent présomptueux des théologiens en ce qui concerne la valeur même existentielle de la philosophie non thomiste : ne valait rien qui ne s'identifiait pas au monde tel qu'on se l'avait construit.

Aujourd'hui par contre, il semble clair que le courant catholique progressiste se hâte de tout embrasser sans aucun discernement (Louis Bouyer, *Der Verfall des Katholizismus*, München, Kösel, 1970, p. 48s. voir *ibid.*, p. 46 et passim). Ou encore le discours d'un laïc qui a trouvé la foi et qui ressent la vanité des propos qui cherchent à relativiser et finalement à dissoudre la religion et finalement Dieu dans des mots très généraux et très vides[1].

Lire l'histoire de l'Eglise c'est aussi prendre en compte cet homme concret en face des intérêts du pouvoir, personnel, familial, communautaire, local et national. C'est pourquoi et malheureusement, le dialogue que les chrétiens ont engagé avec les « autres » n'ont pas toujours été pacifiques. La question du pouvoir a toujours taraudé l'homme, tout chrétien qu'il soit.

Il y a un héritage coupable à assumer, une conversion à poursuivre mais sans tomber dans un irénisme où tout se vaut.

I.2. METHODOLOGIE

L'herméneutique est la démarche méthodologique que j'adopte. Pouvons-nous réellement parler d'une méthode en théologie ? Parlant de l'histoire, certains me trouveront bizarre qu'un auteur tel Hans-Georg Gadamer me sert d'arrière fond méthodologique.

Loin s'en faut, la question historique, théologique et juridique a toujours préoccupé Gadamer. Et je ne peux pas l'exclure de mes stratégies de compréhension ou d'explicitation de mon thème. Le problème du christianisme et de toute institution religieuse, c'est comment nouer, comment assumer cette fusion des horizons entre le passé, le présent et le futur. Entre ce « déjà - pas- là ».

---

[1] Patrick KÉCHICHIAN, *Petit éloge du catholicisme*, Paris, Gallimard, coll. « folio » N° 4958, 2009, p. 22-25.

I.2.1. Qu'est-ce que l'herméneutique

Gadamer est parmi les auteurs qui nous ont permis d'avoir une nouvelle intelligibilité de l'herméneutique.

L'herméneutique dans son acception la plus usuelle désignait : « l'art d'interpréter. » (*Ars interpretandi*). Plus précisément, il s'agissait d'un art d'interpréter correctement les textes. Texte et herméneutique sont donc, dès les origines de l'herméneutique, consubstantiels car ancrés dans le concept grec *« herméneuein »* ou art d'interpréter.

D'un point de vue purement normatif, le propre de l'herméneutique est de proposer des règles permettant d'interpréter correctement les textes en vue d'éviter tout malentendus, des contre sens et rendre justice au texte à interpréter[2].

Ces règles sont d'une grande importance surtout pour des textes ardus tels les textes sacrés ou ésotériques, des textes de lois pouvant faire l'objet d'un litige à trancher.

Au XIXième siècle, tout en conservant cette visée normative, le romantisme, l'essor des sciences dites humaines face aux sciences de la natures (dites sciences exactes), l'herméneutique a trouvé un nouveau terreau. Les sciences de la nature par les méthodes inductives et mathématiques, ont des réponses probantes et des applications immédiates, alors que les sciences de l'homme semblent errer dans des approximations.

Par comparaison, les sciences humaines semblent et sont plus hésitantes, la subjectivité du chercheur y jouant un rôle pas négligeable au point d'en entacher les résultats. L'interprétation des textes est justement ce champ de bataille où les interprètes font apparaître le parti pris : leurs préjugés non pas en tant que mauvaise foi mais en tant que ce background qui les relient à la terre.

Cette carence patente des sciences humaines trouve une réponse rapide au XIXème siècle et l'on estimait que c'est la

---

[2] Plusieurs écrits sur l'origine, l'évolution et les compréhensions de l'herméneutique. Lire par exemple, le spécialiste Jean GRONDIN, *L'universalité de l'herméneutique*, Paris, PUF, 1993. Jean GRONDIN, *L'herméneutique*, Paris, Collection « QSJ », 2006. 3ième édition : 2011.

carence de la méthode. Les sciences humaines manqueraient, et des méthodes rigoureuses, et de l'épistémologie sur ces méthodes. Ce débat a perdu de son intérêt depuis que le problème n'est plus une question de méthode mais une question de sens et des symboles. Or toute science vise à comprendre l'homme. La théologie va donc se situer dans cette perspective où l'homme se pose la question du *Theos* ou Dieu et ce que ce mot peut avoir comme incarnation dans la vie de l'homme.

I.2.2. La démarche herméneutique de Gadamer, phénoménologie de l'interprétation et non méthodologie de l'interprétation

Je m'inscris en faux contre toutes les méthodes en théologie. Pourquoi une telle critique de ma part ? Je souscris plutôt, parce qu'ayant pris H. G. Gadamer comme background méthodologique, à une phénoménologie de l'interprétation plutôt qu'à une méthodologie au sens classique. Il s'agira d'expliciter certains événements. Je ne saurais donc pas offrir une seule compréhension de l'histoire et surtout pas celle des Eglises. Je laisse place aux autres historiques.

Ce qui est en question dans notre démarche méthodologique n'est pas seulement de décrire ce qui est advenu à travers nos religions ou ce qu'elles auraient dû faire mais ce qui est survenu dans l'histoire des religions et qui apparaît.

Les religions partant de notre approche phénoménologique, si elles doivent s'assumer en Afrique, devraient avoir une meilleure intelligence d'elles-mêmes, une compréhension plus proche de leurs pratiques historiques réelles. La compréhension historique des Eglises chrétiennes en Afrique est un évènement de la compréhension des courants idéologiques qui traversent le « village-monde ». La bible en Afrique, aux contacts avec les peuples meurtries par des politiques tant internes qu'externes oppressives, a engendré des comportements « d'Eglise de Réveil » au contact du texte biblique.

CHAPITRE II. ETHIQUE CHRETIENNE, HISTOIRE, HISTOIRE DE L'EGLISE EN AFRIQUE ET AU CONGO (KINSHASA)

1. ETHIQUE CHRETIENNE

Qu'est-ce qu'une éthique chrétienne ? Existe-elle face au politique et en face du politique ? Quels seraient les principes ainsi que les lignes essentielles d'une éthique chrétienne dans le domaine social et politique. Nombreux sont les chrétiens qui se sont engagés, en se fourvoyant souvent en politique. D'autres ce sont s'engagés dans le service des autres en dénonçant l'arène des politiciens où la population est sacrifiée dans le colisée des gladiateurs de la démocratie.

Ceux qui livrent leurs vies face à la soif effrénée du pouvoir de l'animal politique l'ont souvent fait comme une simple conséquence de l'Evangile qu'ils cherchaient à vivre et à annoncer, sans trop préciser les principes qui les guidaient. Ces grands hommes ont pu le faire dans des perspectives différentes selon leurs arrières plans théologiques ou historiques.

Je ne me risquerai nullement à plaider pour une de ces approches, encore moins à en proposer une nouvelle. Je vais tenter de préciser et rappeler des principes essentiels en éthique sociale, un peu comme une confession de foi rappelle un essentiel que des théologies différentes pourront ensuite mettre diversement en valeur.

Un texte écrit par Louis Schweitzer et travaillé par la Commission d'éthique protestante évangélique propose des lignes qui peuvent nous questionner comme chrétiens et parfois comme crétins de la foi chrétienne. Car la distance entre nos paroles et nos actions est profonde. Les chrétiens face à un monde dans lequel la violence ne cesse de s'institutionnaliser et l'égoïsme de se glorifier ; les chrétiens face au pouvoir, à l'argent, au savoir et à l'avoir sont plus que jamais appelés à «faire le bien» autour d'eux, à devenir des citoyens engagés mais étrangers dans la cité des hommes.

Pourtant, au cours des siècles, la tentation du retrait «quiétiste», opposé à l'action dite profane, demeura. Certains chrétiens croient que l'existence chrétienne implique de se détourner des préoccupations du monde présent, le considérant comme dangereux pour la foi. Pour eux, la préoccupation première et exclusive du chrétien doit être sa piété personnelle. Le retrait hors du monde est donc motivé par le désir de ne pas être corrompu par lui et d'une relation toujours plus intime avec Dieu.

Mais ce désir authentique manque sa cible quand il se concentre sur soi. Si Dieu désire effectivement que les chrétiens se gardent de toute tâche du monde, pour reprendre l'expression de Jacques 1.27, c'est bien aussi parce qu'il leur demande de vivre et de s'impliquer dans ce monde.

De même, une relation personnelle avec Dieu ne peut se vivre à l'écart du monde. Les exemples pourraient être nombreux. Que l'on pense simplement à William Booth, le créateur de l'Armée du Salut, à Martin Luther King, au Jésuite Christophe Munzihirwa qui tous et, au nom de leur foi, ont tenté d'apaiser la furie et la soif de sang de la bête politique.

1.1. L'orphelin, l'étranger, le prisonnier : la compassion et l'humanisme pour l'autre homme

C'est aussi en côtoyant le pauvre, l'orphelin, l'étranger, le prisonnier ou l'opprimé que l'éthique du visage se matérialise en Christ: « *Dans la mesure où vous avez fait cela à l'un de ces plus petits, l'un de mes frères, c'est à moi que vous l'avez fait.*» (Matthieu 25-40).

Je souscris à ce que dit Stanley Hauerwas pour mes contemporains : « l'Eglise est une éthique sociale »[3]. Mais, en même temps, le chrétien est encore dans la cité et il est appelé à lui vouloir du bien. Témoin imparfait du Royaume, le chrétien cherche à en vivre les prémisses dans l'Eglise. Et ce sont les mêmes principes, adaptés à une autre situation, limités par les possibilités historiques concrètes, qui vont diriger son engagement dans la société. Il y a donc comme un double témoignage chrétien : celui de l'Eglise comme communauté

---

[3] Stanley Hauerwas, *Le Royaume de paix, Une initiation à l'éthique chrétienne*, Paris, Bayard, 2006, p.181.

alternative et celui des chrétiens qui sont aussi membres de la cité des hommes. Mais, pour ce double témoignage, l'inspiration profonde est la même; seules diffèrent les possibilités d'action.

1.2. La parabole du bon samaritain

La parabole du bon samaritain est certainement une des paraboles célèbres de l'Evangile. Tout part de la question posée par un spécialiste de la Loi : « *Maître, que dois-je faire pour hériter la vie éternelle ?* ». La question n'était pas parfaitement sincère puisqu'il est précisé qu'elle était posée « *pour mettre Jésus à l'épreuve* ».

Et Jésus renvoie celui qui l'interroge à la Loi : « *Qu'est-il écrit dans la Loi ? Comment lis-tu ?* » (Quelle interprétation donnes-tu toi-même de cette loi que tu reçois comme ton autorité ?). Et le spécialiste de la Loi répond en citant des paroles de la Loi : « *Tu aimeras le Seigneur ton Dieu, de tout ton cœur, de toute ton âme, de toute ta force et de toute ton intelligence, et ton prochain comme toi-même* » (Deutéronome 6.5 ; Lévite 19.18). Jésus accepte pleinement cette réponse et en félicite même cet homme : « *Tu as bien répondu ; fais cela et tu vivras* ».

Comment mettre Jésus en difficulté ? Il semble avoir réponse à tout et toujours en référence aux écritures, l'homme pose une autre question : « *Et qui est mon prochain ?* ».

Autrement : jusqu'où doivent aller mon amour et ma solidarité avec les autres ? A partir de quand, puis-je, en toute légitimité, cesser d'aimer ? Quelles sont les limites de ce commandement d'amour : ma famille, mes proches, mon peuple, certains peuples alliés ?

La réponse à la question va ouvrir la porte à la parabole elle-même, parabole célèbre en tout cas : Un homme passe sur la route qui va de Jérusalem à Jéricho et se fait agresser. Les bandits lui prennent tout, le rouent de coups et le laissent à moitié mort. Plusieurs personnes vont passer sur la route et ne rien faire. Personne ne peut crier à la « non-assistance à personne en danger » selon le droit contemporain.

Un prêtre et un lévite, passent leur chemin, ils ne doivent pas toucher le sang d'un inconnu et puis selon la doctrine juive, leur état de prêtre ne l'autorise pas. Vient un samaritain qui s'arrête, prend soin de lui, l'amène jusqu'à l'hôtellerie la plus proche et va jusqu'à payer pour qu'on s'occupe de lui en affirmant même que si cela ne devait pas suffire, il est prêt à prendre en charge la suite. Sommes-nous trop habitués à entendre et à lire cette parabole pour pouvoir la recevoir comme les auditeurs de Jésus l'ont reçue ? Tout le monde, bien sûr, dans le récit, est juif : Jésus et ceux qui l'écoutent.

Or, les deux personnes qui donnent le « mauvais exemple » sont tous deux des religieux juifs. Quant au Samaritain, il est, pour ceux qui entourent Jésus, à la fois un hérétique – pire qu'un païen, puisqu'il a une certaine connaissance de la révélation – et une sorte de personne impure. Les juifs, en effet, faisaient parfois de longs détours pour éviter de se souiller en passant par la Samarie.

Jésus par sa réponse, remet le juif à sa place en faisant éclater la définition du prochain en une pluralité de sens. Il n'y a pas de limite. Il ne s'agit plus de savoir qui est mon prochain et qui ne l'est pas, mais comment je peux être le prochain de celui – quel qu'il soit – qui est dans le besoin.

Donc, inséparable de l'amour de Dieu, l'amour du prochain se joue dans l'action, dans ce qui est concret, ce qui est courageux pour que l'homme vive. Cet amour n'est pas sélectif de la race ou du peuple élu, il ne connaît pas de limites. Dès que l'homme est en danger, il devient de ma nationalité d'homme et d'humain. Il est de la nationalité de ceux qui habitent une seule terre.

1.3. ETHIQUE SOCIALE CHRETIENNE AU DELA DES CONSIDERATIONS RITUELLES

Nous sommes déjà dans le thème de l'éthique sociale. La fidélité à Dieu ou à toute transcendance implique un amour dévoué à celui ou à celle qui est dans le besoin, que cette personne nous soit proche ou, comme dans la parabole, qu'elle nous soit à tous égards étrangère.

Imaginons que l'histoire continue. Le lendemain, un autre voyageur se fait agresser et n'a pas la chance de trouver ce bon samaritain qui, lui, a continué son voyage. Quelques jours plus tard, la même chose se produit. Que faire ? Si l'on veut suivre l'enseignement de Jésus et pratiquer cet amour concret, pratique et courageux, ne faudra-t-il pas essayer de résoudre la question de manière plus large ? Pour nous les contemporains, l'engagement du samaritain devait concourir à créer une association d'aide aux personnes agressées en chemin, des plaidoyers seraient faits, voire des « manifs » pour que la route soit sécurisée. Nous allions exiger que les coupables soient recherchés et subissent une peine exemplaire.

Nous serons passés alors dans une autre dimension. Nous passerons de l'acte d'amour individuel à l'action sociale, voire politique. La motivation profonde sera exactement la même, mais cherchera à prévenir le problème plutôt qu'à soigner les plaies des voyageurs agressés. Ce passage de l'action individuelle et ponctuelle à une action plus large ou collective pose quelques problèmes : jusqu'où aller dans nos revendications politiques, faut-il demander tout simplement qu'on licencie le responsable de la sécurité ou que le maire démissionne ?

Le Brésil est connue pour sa cohorte des pauvres, Dom Helder Camara traité d'être communiste, l'archevêque du Brésil rétorquait : « Quand je soulage la faim des pauvres, on dit que je suis un saint. Quand je demande pourquoi ils ont faim, on m'accuse d'être communiste !»[4]. L'action sociale issue de l'éthique chrétienne authentique paraît souvent suspecte et surtout aujourd'hui, où le politique a si mauvaise presse et où nous sommes devenus manipulables et parfois sceptiques devant les véritables actions collectives pour que les choses changent positivement.

L'Ethique sociale chrétienne ne justifie pas l'homme dans sa finitude et son péché originel qui expliqueront l'inaction due à toutes les imperfections humaines. Ce que je peux faire pour que ça fasse la différence, je le fait en collaboration avec les

---

[4] Jean Toulat, *Dom Helder Camara*, Paris, Centurion, 1989, p. 116.

autres pour que ce soit une action collective. Afin que le politique sente le poids du « Pouvoir du peuple par le peuple et pour le peuple ».

L'éthique sociale chrétienne présuppose que l'action des chrétiens ne peut donc se limiter à la charité quand ce sont des changements sociaux structurels qui sont nécessaires pour assurer la dignité des personnes. Il est alors légitime de passer à un niveau politique. Il est nécessaire de contrer les systèmes de péchés.

1.4. Jésus a-t-il fait de la politique ? Ethique sociale face à la politique chrétienne ?

Jésus a-t-il fait de la politique[5] ? Son procès a des odeurs de politique mêlée au religieux. « Il s'appelle roi des juifs », « il s'appelle fils de Dieu ». Une telle question traine en sourdine la question d'une politique chrétienne. La Bible, c'est le cas de plupart des écrits saints fondant les religions, est aussi un traité de philosophie ou de pratique politique, me direz-vous.

Ma réponse doit être oui et non. C'est que le politique – prend le terme au sens le plus large de gestion de la cité. Cette définition « de la cité » est à la dimension du monde – et se compose de deux parties. Je distingue généralement dans mon enseignement le fait que le politique peut être « l'éthique » et la politique peut se concevoir comme une « technique » de conquête et conservation du pouvoir ou encore cet affrontement entre les acteurs politiques, les médias et le public dans une communication politique.

---

[5] On peut conceptualiser une science politique comme la science des faits politiques, mais comment alors cerner un fait politique ? Les faits politiques ne sont pas politiques par nature. La dimension politique d'un fait est variable dans le temps et dans l'espace. Tout n'est pas politique mais tout fait social est « politisable ». Il faut considérer le politique comme une dimension potentielle de tout phénomène social. Les processus de politisation sont complexes, ils sont rarement maîtrisés par un seul type d'acteurs et le résultat de démarches et d'entreprises volontaires. Ils sont le produit de rapports de force entre multiples acteurs. Il n'y a pas en somme de définition universellement opératoire du politique. La science politique rassemble une communauté de chercheurs qui analysent les mécanismes sous-jacents de la conquête, de l'exercice et de la conservation des positions de pouvoir sociaux organisateurs des autres pouvoirs. Ils analysent aussi les pratiques de ceux qui concourent à politiser et prendre en charge politiquement des problèmes sociaux.

Je nomme « *éthique* » les principes qui doivent guider notre action, les valeurs qui en sont à l'origine, les conceptions de l'être humain et des relations entre les hommes qui s'imposent à nous et à partir desquelles nous faisons le discernement en termes des choix. C'est la philosophie pratique ou la parole faite chair ou encore l'idée en action.

En ce sens, oui, la Bible provoque le politique, les prophètes gênent le pouvoir en dénonçant les injustices, ils touchent au pouvoir organisateur des autres sphères sociales. En ce sens, Jésus a fait de la politique. La bible en ce sens, nous parle de politique et il existe, dans la révélation, de quoi fonder une politique chrétienne.

Mais la réalité politique ne se limite pas à cela. Ces principes, ces valeurs, vont devoir s'incarner dans des formes particulières qui varient selon les époques et les lieux, les civilisations et les histoires, et c'est cela que nous appellerons l'aspect *technique* du politique. L'essence du politique, dirons certains, est la gestion du bien commun pour une vie commune pour la survie de l'être humain en protégeant son environnement social et sa biodiversité. Mais l'essence du politique, c'est aussi la violence.

Car, lieu d'affrontement des acteurs politiques, la politique comme scène cache plusieurs arènes ou terrains d'affrontements. Dans un pays, chaque ministère, chaque service public est un lieu de confrontation des idéologies des partis politiques et des ambitions de l'animal politique.

On sait, et je le dis en passant, que la finalité de la justice sociale et du bien commun – c'est-à-dire du bien de tous et non d'une minorité - semble s'imposer. Mais certains vont juger que le régime de « service public » de certains services qui relèvent de l'utilité générale s'impose (dans les transports, ou le téléphone ou la poste, l'énergie etc.), alors que d'autres penseront que ces mêmes buts seront plus facilement atteints en privatisant ces services.

Service public ou privatisations relèvent ainsi de ce que l'on peut appeler des aspects « techniques » du politique. Et, sur ces questions, il semble que la révélation laisse une immense marge de manœuvre pour le chrétien engagé.

Dans des circonstances différentes, il existe par exemple un monde entre le maintien de la propriété régulièrement redistribuée que nous présente la loi de l'Ancien Testament et qui empêche toute concentration des terres et des moyens de production entre les mains de quelques-uns (Lévite 25), et la nationalisation de tout au nom du pharaon que Joseph réalise pour sauver l'Egypte de la famine (Genèse 41 et 47).

Ici intervient le discernement, qu'on le veule ou non, le bon choix des techniques politiques est souvent le passage obligé pour que l'aspect éthique se manifeste, tant ils sont, dans la pratique, intimement liés.

La contextualisation fait que dans le domaine politique comme en éthique chrétienne, la philosophie générale ou paradigme ou encore le modèle d'explication des phénomènes sociaux, fait que le domaine politique n'a pas de vérité absolue, et que ce qui est bon à une époque et dans un contexte ne l'est peut-être plus dans d'autres. Mais dans tous les cas et les époques, il est question de sauver l'homme.

Dans les principes de l'éthique chrétienne, il y a la question de la *Charité* envers les exclus, la question de l'*Amour* du Dieu créateur pour tout homme qui fonde la *justice sociale* ou la répartition la plus équitable possible des biens de ce monde et la *Dignité de tous*. A cause de la valeur absolue que nous reconnaissons à la personne humaine, nous plaçons le bien des personnes au-dessus de la nation, des lois de l'économie[6].

---

6 Il convient de clarifier les notions de pouvoir, domination, légitimité au cœur de l'objet politique. À la différence de la domination, le pouvoir n'implique pas forcément la légitimité ou sa recherche. Il peut s'exercer par la force pure. Les relations de pouvoir sont observables à tous les niveaux de la société. Une des questions est dès lors de savoir si l'on peut identifier une spécificité du pouvoir politique. Le terme « légitimité » désigne le caractère de toute domination qui se donne pour normale, conforme aux valeurs dominantes dans une société. Raisonner en termes de légitimation est donc plus fécond. La légitimation d'un pouvoir politique renvoie à l'ensemble des processus qui rendent « l'exercice d'un pouvoir coercitif spécialisé tolérable sinon désirable, c'est-à-dire qui le fasse concevoir comme une nécessité sociale sinon un bienfait ». L'une des principales caractéristiques des sociétés modernes est de voir le pouvoir s'institutionnaliser dans des structures étatiques. L'éthique chrétienne ira donc en affrontement avec ces macrostructures qui légifèrent pour soit, sauver les faibles soit les enrayer.

2. *HISTOIRE*

L'histoire est « connaissance et récit des événements du passé, des faits relatifs à l'évolution de l'humanité (d'un groupe social, d'une activité humaine), qui sont dignes ou jugés dignes de mémoire ; les événements, les faits ainsi relatés ». Cette définition du Petit Robert (2007) semble parfaite mais elle cache les deux orientations de l'histoire.

L'histoire a deux orientations fondamentales. D'une part, il y a une histoire monographique. Une histoire locale, c'est-à-dire, des faits partiels qui se sont déroulés dans les localités, les provinces. Donc l'histoire monographique c'est l'histoire telle qu'elle s'interprète d'en bas.

Une seconde lecture suppose que l'histoire peut être lue à partir de la synthèse globale. C'est là l'origine d'une histoire d'Afrique en tant que démarche pour saisir comment les peuples colonisés d'Afrique se sont converti au christianisme ou ont pu conserver les acquis des chrétiens berbères tels Augustin.

En tant que construction basée sur les intrigues, une étude intéressante a été faite par Paul Vayne dans son ouvrage comment écrit-on l'histoire[7]. L'histoire, celle qui est « histoire de… » en effet n'existe pas en elle-même ; elle est le produit d'une activité humaine, en l'occurrence d'historiens qu'ils soient des historiens officiels et conscients ou des historiens tels que peuvent l'être les hommes qui dans leur vie sociale pensent et parlent de leur passé et de leur présent.

Dans le monde historique, tout se donne comme histoire et rien ne se donne comme histoire : des choix, des constructions et reconstructions, des points de vue, des questionnements restent toujours à faire pour donner forme à ce qui est en soi chaos informel. Pour autant l'histoire est-elle subjective et arbitraire, foncièrement relativiste ? L'historien Paul Veyne

---

[7] Paul Veyne, *Comment on écrit l'histoire*, Paris, Seuil, (1ère édition 1971), (extrait, pp. 50-85)

dégageait les principaux principes de sa méthode, autour de la « construction d'intrigues ».

L'histoire ne s'intéresserait pas à la singularité des événements individuels, mais à leur spécificité (...) ; ensuite les faits historiques n'existent pas comme autant de grains de sables, estimait Paul Veyne. L'histoire n'est pas un déterminisme atomique: elle se déroule dans notre monde, où effectivement une guerre mondiale a plus d'importance qu'un concert de klaxons; à moins que - tout est possible - ce concert ne déclenche lui-même une guerre mondiale; car les « faits » n'existent pas à l'état isolé: l'historien les trouve tout organisés en ensembles où ils jouent le rôle de causes, fins, occasions, hasards, prétextes, etc.

Notre propre existence, après tout, ne nous apparaît pas comme une grisaille d'incidents atomiques; elle a d'emblée un sens, nous la comprenons ; pourquoi la situation de l'historien serait-elle plus kafkaïenne ? L'histoire est faite de la même substance que la vie de chacun de nous.

La notion d'intrigue est importante dans la construction des faits historiques. Les faits n'existent pas isolément, en ce sens que le tissu de l'histoire est ce que nous appellerons une intrigue, un mélange très humain et très peu « scientifique» de causes matérielles, de fins et de hasards; une tranche de vie, en un mot, que l'historien découpe à son gré et où les faits ont leurs liaisons objectives et leur importance relative: la genèse de l'entreprise coloniale par exemple et ce qu'elle a drainée comme Eglises en Afrique, la politique coloniale avec sa « trilogie » constituée de l'alliance contre nature Eglises, Entreprises Multinationale ou société à chartes et Administration publique coloniale. Le mot d'intrigue a l'avantage de rappeler que ce qu'étudie l'historien est aussi humain qu'un drame ou un roman. Cette intrigue ne s'ordonne pas nécessairement selon une suite chronologique: comme un drame intérieur, elle peut se dérouler d'un plan à l'autre. L'intrigue peut donc être coupe transversale des différents rythmes temporels, analyse spectrale: elle sera toujours intrigue parce qu'elle sera humaine, sublunaire, parce qu'elle ne sera pas un morceau de déterminisme.

La tentative de la définition de la connaissance historique part des faits collectifs et individuels intriguants selon Paul Veyne. De tout temps, les historiens ont senti que l'histoire se rapportait à l'homme en groupe plutôt qu'à l'individu, qu'elle était histoire des sociétés, des nations, des civilisations, voire de l'humanité, de ce qui est collectif, au sens le plus vague du mot; qu'elle ne s'occupait pas de l'individu comme tel ; que, si la vie de Louis XIV était de l'histoire, celle d'un paysan nivernais sous son règne n'en était pas ou n'était que du matériau pour l'histoire.

Mais le difficile est d'arriver à une définition précise; l'histoire est-elle la science des faits collectifs, qui ne se ramèneraient pas à une poussière de faits individuels? La science des sociétés humaines? De l'homme en société? Mais quel historien, ou quel sociologue, est capable de séparer ce qui est individuel de ce qui est collectif, ou même d'attacher un sens à ces mots?

La distinction de ce qui est historique et de ce qui ne l'est pas ne s'en fait pas moins immédiatement et comme d'instinct. Pour voir combien sont approximatifs ces essais de définition de l'histoire qu'on multiplie et rature successivement, sans avoir jamais l'impression qu'on est « tombé juste », il suffit de chercher à les préciser.

L'histoire serait-elle la Science de quel genre de sociétés? La nation tout entière, voire l'humanité? Un village? Au moins toute une province? Un groupe social? Étude de ce qui est collectif : l'héroïsme l'est-il? En fait, la question ne se pose jamais ainsi; quand nous sommes en présence d'une singularité venue du passé et que tout à coup nous la comprenons, il se produit dans notre esprit un déclic qui est d'ordre logique (ou plutôt ontologique) et non sociologique: nous n'avons pas trouvé du collectif ou du social, mais bien du spécifique, de l'individualité compréhensible. L'histoire est la description de ce qui est spécifique, c'est-à-dire compréhensible, dans les événements humains.

Est historique ce qui n'est pas universel et ce qui n'est pas singulier. Pour que ce ne soit pas universel, il faut qu'il y ait différence ; pour que ce ne soit pas singulier, il faut que ce soit spécifique, que ce soit compris, que cela renvoie à ***une intrigue***. L'historien est le naturaliste des événements; il veut connaître pour connaître, or il n'y a pas de science de la singularité. Savoir qu'il a existé un être singulier dénommé Georges Pompidou n'est pas de l'histoire, tant qu'on ne peut pas dire, selon les mots d'Aristote, « ce qu'il a fait et ce qui lui est arrivé », et, si on peut le dire, on s'élève par là même à la spécificité.

La tension entre histoire monographique et histoire générale est persistante. Veyne l'a perçu de manière très attentionnée et l'intrigue constitue sa manière de construire une méthodologie. Les événements historiques sont difficilement comprimables en généralités; ils ne se ramènent que très partiellement à des types et leur succession n'est pas davantage orientée vers quelque fin ou dirigée par des lois très connues; tout est différence et il faut tenter de tout dire. L'historien ne peut imiter le naturaliste, qui ne s'occupe que du type et ne se soucie pas de décrire singulièrement les représentants d'une même espèce animale. L'histoire est une science idiographique, non de notre fait et pour le goût que nous aurions pour le détail des événements humains, mais du fait de ces événements eux-mêmes, qui persistent à garder leur individualité.

3. HISTOIRE DE L'EGLISE EN AFRIQUE[8]

L'histoire de l'Eglise chrétienne en Afrique remonte aux temps des pères de l'Eglise chrétienne au Maghreb. Le christianisme dès ses origines ne peut pas être classifié comme étant une importation ou religion coloniale même si, dans la

[8]Faustin – Noël Gombaniro, *L'implantation missionnaire au Congo-RDC*, thèse de doctorat en Sociologie, Université Panthéon Sorbonne, 2006.

logique des persécutions des chrétiens à Rome, elle pénètre en Afrique avec les fuyards.

Au cours de cette période, l'Église chrétienne s'est implantée dans tout le nord de l'Afrique, de la Mer Rouge à l'Atlantique. Entre la fin des Actes des Apôtres et le milieu du IIe siècle, les données historiques sur l'expansion du christianisme en Afrique septentrionale sont à peu près inexistantes.

Il est certain, cependant, que la première « mission » chrétienne a bénéficié d'un contexte historique et géographique privilégié : l'extension de l'Empire romain à tout le bassin méditerranéen. Un réseau serré de relations humaines, facilité par la sécurité des routes et par l'activité des ports, permettait aux hommes et aux idées de circuler facilement et rapidement.

Plusieurs communautés juives de la Diaspora servirent de relais à l'évangélisation. Ces facilités ne doivent cependant pas faire illusion : il y a un véritable « miracle chrétien » que Pierre de Bérulle (fondateur de l'Oratoire en France au 17è siècle), décrit en soutenant que face à un monde puissant, organisé, triomphant, une poignée de pauvres hommes sans instruction ni pouvoir, ont pu établir un empire éternel parti de pauvres pêcheurs muets comme des poissons, d'entre lesquels ils sont tirés, sans cabale et sans prudence, sans armée et sans violence, de leur courage au martyr, des chrétiens vont fleurir de partout au sein de l'empire Romain.

Laissons l'époque romaine, pour aborder les découvertes et exploration qui pour les autorités de la chrétienté, la découverte du nouveau monde, fut inséparable de l'évangélisation. En 1442, le pape Eugène IV donna à l'Ordre du Christ juridiction sur toute la côte ouest de l'Afrique.

Cet Ordre avait été fondé en 1319 pour remplacer au Portugal celui des Templiers, moines- combattants qui devaient protéger Jérusalem contre les maures (musulmans) et l'infant Henri en était le grand maître.

En 1455, le pape Nicolas V alla beaucoup plus loin : il accorda au roi du Portugal le patronage sur toutes les terres à découvrir ; il aurait toute latitude pour y nommer les évêques et y envoyer les missionnaires de son choix. Ce patronage fut confirmé l'année suivante par Callixte III, un autre Pape.

Mais les caravelles espagnoles étaient parties à leur tour à la découverte du monde. En 1481, par la bulle *Aeterni Regis*, le pape Sixte IV confiait aux Espagnols les territoires africains au nord du 20ème parallèle de latitude nord, le patronage des Portugais étant maintenu pour toutes les terres se trouvant au sud.

En 1492, Christophe Colomb naviguant vers l'Inde en passant par l'ouest aborda des terres que l'on baptisa Indes occidentales. Pour éviter des conflits entre les deux grandes puissances maritimes, le pape Alexandre VI, par la bulle *Inter caetera* du 4 mai 1493, attribua à l'Espagne « les terres fermes et îles découvertes et à découvrir vers l'Inde à l'ouest du 45ème méridien » ; au Portugal revenait tout ce qui était à l'est de ce méridien. Les deux pays modifièrent d'un commun accord cette répartition.

Par le traité de Tordesillas, conclu en 1494, la ligne de séparation fut reportée à 100 lieues à l'ouest de la dernière île des Açores. Grâce à ce texte, ce qui allait devenir le Brésil tombait dans le domaine portugais, qui englobait également toute l'Afrique au sud du 20ème parallèle. L'accord fut confirmé par le pape Jules II en 1508 (Ibid. :23).

Mais l'œuvre était tellement juteuse que d'autres puissances européennes vont très rapidement entrer dans la danse et même supplanter les deux précédents pays. Ce fut le cas de la France, l'Angleterre et les Pays-Bas. L'évangélisation qui se fait sous l'emprise des papes catholiques sera truffée de calculs politiques aussi bien pour le souverain pontife que pour les Rois des grands empires européens.

4. HISTOIRE DE L'EGLISE AU CONGO-KINSHASA

4.1. La christianisation dans le Royaume Kongo (1483-1543)

Je m'inspire de la thèse en sociologie de Monsieur Faustin – Noël Gombaniro intitulée : *L'implantation missionnaire au Congo-RDC : De l'assistance à l'autonomie financière*, Thèse de doctorat en sociologie, Institut d'Etude du Développement Economique et social, Université Paris I, Panthéon Sorbonne, 2016, 576 pages et du livre de W.G. Randels, *L'ancien Royaume du Kongo : des origines à la fin du XIXième siècle*, Editions de l'Ecole des Hautes Etudes en Sciences sociales, 2002, 273 pages. La thèse de Faustin-Noël Gombaniro m'a été très utile pour mes enseignements d'Histoire de l'Eglise au Congo-Kinshasa.

En effet, selon lui et d'autres historiens, on estime que c'était la pratique courante des explorateurs portugais et à leur suite, les espagnols, hollandais, anglais, etc., de débaptiser les lieux qu'ils découvraient.

Beaucoup de pays, d'endroits, … portent encore aujourd'hui ces dénominations. Ainsi le nom de Cameroun vient du portugais Río dos Camarões signifiant «rivière aux crevettes» en raison de l'abondance de ces crustacées dans l'estuaire du Wouri, qui a valu à ce fleuve cette appellation.

Le mot Camaroes aurait ensuite évolué en Camarones en portugais, puis Kamerun sous la colonisation allemande, enfin en Cameroon (en anglais) et Cameroun (en français). Les côtes camerounaises furent explorées en 1472 par le Portugais Fernando Pó. C'est lui qui baptisa l'estuaire du Wouri le Rio dos Camarões.

D'après Beeckmans à la suite de Bontinck, la première découverte de l'embouchure du Congo serait antérieure à 1483, puisque le roi du Portugal en avait déjà connaissance en 1482. Cette première découverte, disent les deux auteurs, aurait été tenue secrète à Lisbonne, en attendant que le roi puisse l'exploiter[9].

On croit savoir aujourd'hui que le navigateur portugais Diogo Câo est arrivé début août 1483 à l'embouchure du fleuve Congo, qu'il nomme Rio Poderoso (Fleuve puissant). Sur la

[9] François Bontinck, « Le Zaïre « découvert » avant Diogo Câo ? », dans *Africa,* Rome, XXXi (1976 : 347-365).

rive gauche, il plante, au nom du roi Joâo II du Portugal (1481-1495), une stèle commémorative appelée padrâo, destinée à attester la priorité de la découverte portugaise.

Ce padrâo porte la date de 1482, qui est celle du mandat royal donné à Diogo Câo et non pas, comme on l'a pensé pendant longtemps, la date de l'arrivée de l'explorateur. Il semble que son aumônier de bord ait eu l'occasion d'éveiller l'intérêt de la population locale pour la religion chrétienne. Des jeunes notables kongo furent amenés à Lisbonne, y apprirent le portugais et reçurent en même temps une première instruction chrétienne et le baptême. Il y eu d'échange des cadeaux entre les deux rois.

Le roi Kongo avait par son ambassadeur Kasuta exprimé à Joâo II du Portugal le désir de voir arriver dans son royaume des missionnaires. Le baptême de la famille royale le 3 mai 1491, en la fête de l'Invention de la Sainte Croix, le roi du Kongo, Nzinga Nkuwu fut baptisé à Mbanza Kongo sous le nom de Joaô (Jean), prénom du Roi du Portugal. On l'appellera désormais Dom Joâo (Ndonzwau). La Reine Nzinga a Nlenza fut baptisée un mois plus tard, le 5 juin, sous le nom de Dona Eleonor, la reine du Portugal. On ignore la date exacte du baptême du prince héritier Mvemba a Nzinga, Dom Afonso (Ndofunsu) qui était gouverneur du Nsundi et résidait dans la capitale de cette région, Mbanza Nsundi, sur la rivière Inkisi, en aval de l'actuelle Kisantu.

A la suite de la famille royale, plusieurs nobles de la Cour royale se firent baptiser. La population suivit ses chefs et le royaume du Kongo devint officiellement un royaume chrétien à l'instar de ce qui était arrivé quelque mille années auparavant au royaume des Francs, suite au baptême de Clovis en 496, événement qui mérite à la France le titre de « Fille aînée de l'Église »[10].

[10]Faisant le rapprochement entre le baptême du roi des Francs et celui du Kongo avec ce qui s'ensuivit, le pape Paul VI a un jour déclaré que « le Zaïre est le fils aîné de l'Église en Afrique noire. » (René Beckmans, 1980 :392). Comme cela avait été voulu par le roi du Portugal, le baptême de la famille royale Kongo, avec l'adoption des prénoms de la famille royale portugaise, scella en même temps entre les deux royaumes une alliance politique, commerciale et militaire qui allait aussitôt se montrer fructueuse. En octobre 1491, après le départ de la flotte portugaise, profitant d'une

4.2. L'économie de prédation, rivalités politiques locales et déchristianisation du Royaume Kongo (1649-1900)

La paix entre les Pays-Bas et le Portugal, en 1649, suivie du départ des Hollandais d'Angola et de la résurrection confiante du pouvoir portugais sur toute la côte, encouragera les *Conquistadores* de Luanda à reprendre le vieux projet de « satellisation » du Royaume Kongo pour en exploiter les richesses.

D. Garcia II qui règne dans sa détermination de conserver son indépendance, et même ses relations amicales avec les Hollandais ; envoya des ambassadeurs à Luanda proposer les conditions de paix suivantes[11] : l'évêque du Kongo devrait

---

première christianisation du royaume Kongo menée très superficiellement par les missionnaires, le parti « traditionaliste » revint à la charge, appuyé par un fils du roi, Mpanzu Nzinga, qui avait refusé le baptême. Le roi se laissa convaincre et revint à ses croyances ancestrales, polygamie, fétichisme. Ce retour aux traditions ancestrales illustrait le fragile équilibre à peine instauré par une nouvelle religion insuffisamment établie dans une contrée dont les traditions séculaires étaient encore vivement dynamiques, homogènes et fortement ancrées dans la vie des populations africaines pour céder facilement aux éléments apportés par une culture d'Outre-Mer. Par contre, la conversion du prince héritier Dom Afonso avait été sincère et profonde. A cause de l'aversion du roi contre lui, Dom Afonso dut se réfugier dans sa capitale de Mbanza Nsundi, et avec lui les missionnaires et quelques vrais fidèles. C'est à Mbanza Nsundi aussi que naquit, vers 1495, Dom Henrique (Kinu a Mubemba), le fils de Dom Afonso, qui deviendra, en 1521, le premier évêque noir des temps modernes.

[11] A la mort de D. Afonso, le royaume est plongé dans l'anarchie caractéristique des interrègnes en Afrique. Elle durera deux ans : les Portugais tenteront sans succès d'imposer un roi de leur choix, D. Pedro I (1543-1544 ?) ; le règne de D. Francisco I, qui lui succéda, fut également bref. Une période de relative stabilité politique suivra, avec D. Diogo I (1545-1561). Ce roi sut se montrer le maître de son pays, fit de son mieux pour contrôler, dans l'intérêt de ce dernier, l'activité des marchands portugais, et surtout mit un frein à la trop grande ingérence des jésuites dans la vie traditionnelle congolaise. Installés à São Salvador depuis 1548, les missionnaires de la Compagnie de Jésus s'appliquaient à discipliner le christianisme confus des Congolais. En 1555, D. Diogo, excédé par leurs reproches trop sévères à propos de sa vie licencieuse (de nouveau le problème de la polygamie), les expulsa de son royaume, avec de nombreux autres Européens. On tolérera toujours certains Blancs et des membres du clergé régulier, plus accommodants à l'égard des mœurs du pays. Une nouvelle période de troubles s'ouvre à la mort de D. Diogo, en 1561 ; elle ne se terminera qu'en 1572. D. Afonso II, placé sur le trône par les Portugais, sera aussitôt assassiné avec ceux qui l'ont soutenu, car les bakongo n'admettent point que soit bafouée leur coutume d'élire les rois Deux autres rois suivront : D. Bernardo I (1561-1567) et D. Henrique I (1567-1568). Tous deux mourront dans des guerres de frontières contre les Bateke et les Jagas. De 1561 à 1572, le Congo va en effet

subir une longue série d'assauts de ses adversaires africains. L'année de l'avènement de D. Álvaro I (1568-1587), le pays est envahi et dévasté par les Jagas, tribu cannibale, organisée en bandes nomades et originaire d'outre-Kwango. São Salvador et ses églises sont détruits, le roi et sa cour contraints de se réfugier sur une île du Kongo. Là, poussés par la famine, ils iront jusqu'à vendre les membres de la famille royale aux négriers de São Tomé. Une force expéditionnaire de 600 soldats blancs, envoyée par Lisbonne en 1571, chassera les Jagas et rétablira le malheureux D. Alvaro I sur son trône après deux ans d'efforts6. Reconnaissant de cette aide, il « ... offroit *(sic)* de se rendre vassal de la couronne portugaise et de lui payer un tribut annuel en esclaves ; mais le roi D. Sébastien refusera généreusement... ». Les *conquistadores* portugais de l'Angola, installés à partir de 1575 à Luanda dans leur nouvelle colonie, tenteront, pour justifier leur désir de conquérir le Congo, de mettre en doute la réalité de ce « refus généreux » mais on en a une preuve concrète : une lettre du chanoine Bras Corrêa, qui déclare avoir *vu* et *lu* la lettre de D. Sébastien à D. Álvaro I. Des 600 soldats venus seconder D. Álvaro I, un certain nombre restera à São Salvador. Le soutien qu'apportent ces mercenaires et leurs successeurs à la monarchie en renforcera le pouvoir autocratique, et rendra plus tendus ses rapports avec la caste dirigeante. Pendant les quarante premières années du XVIIe siècle, São Salvador demeurera, grâce à l'appui de ces Européens, le centre dominant du royaume, malgré une constante instabilité politique et des révoltes sporadiques dans les provinces. Les interrègnes chaotiques se répètent à la mort de chaque roi. D. Álvaro I sera suivi de D.
Álvaro II (1587-1614) ; D. Bernardo II (1614-1615) ; D. Álvaro III (1615-1622) ; D. Pedro II (1622-1624) ; D. Garcia I (1624-1626) ; D. Ambrósio I (1626-1631) ; D. Álvaro IV (1631-1636) ; D. Álvaro V (1636) et D. Álvaro VI (1636-1641). D. Álvaro VI, premier roi de la dynastie des *Nlaza,* pour mieux asseoir son pouvoir « usurpé », « envoya demander la couronne au souverain pontife, ce qui lui fut accordé avec une paternelle bonté », mais il mourut avant de recevoir la réponse de Rome, et ce fut son successeur, son frère D. Garcia II (1641-1661), qui profita de cette légitimité douteuse. C'est sans doute de cette époque que date la sanglante rivalité entre les clans *Mpanzu* et *Nlaza,* qui va déchirer le Congo à la fin du XVIIe siècle. En 1636, forte de ses rapports directs avec les Européens, la province du Soyo conquiert son indépendance. Son gouverneur, qui s'arroge le titre de « comte de Soyo », se réservera toutefois le droit de participer à l'élection des rois du Congo. Ce sera le plus grand coup porté à l'intégrité territoriale du Congo depuis l'indépendance des provinces du Loango, du Kakongo et de l'Angoï. Du fait de sa situation maritime, lui permettant de contrôler le commerce vers l'intérieur, le Soyo va devenir puissant au point de rivaliser avec le Congo lui-même. A partir de 1602, des marchands hollandais commencent à fréquenter le grand fleuve et à concurrencer sérieusement les Portugais. Bien que ceux-ci les dénoncent comme hérétiques, les Congolais ne verront aucun inconvénient à commercer avec eux. Politiquement, ils étaient parfaitement en droit d'essayer de profiter de cette rivalité, et ils y réussiront pendant un temps. Mais c'est bien dans cette compétition commerciale entre nations européennes qu'il faut chercher les causes du désastre qui frappera le Congo en 1665, car contre le défi économique, les Portugais n'auront d'autre arme que la guerre. Excédés par cette prétention à l'indépendance, et surtout inquiets de voir les Congolais en rapports avec d'autres Européens, les *conquistadores* de Luanda vont lentement mettre sur pied un projet d'intervention militaire, pour placer le Bakongo sous leur hégémonie.

résider à São Salvador et non à Luanda (comme c'était le cas depuis le début du XVIIe siècle) ; toute l'administration ecclésiastique serait à nouveau centralisée à São Salvador (comme au XVIe siècle) ; les missionnaires capucins auraient libre accès à son royaume ; l'intégrité territoriale du royaume serait respectée ; les *Conquistadores* de Luanda s'abstiendraient d'actes hostiles à l'égard du Kongo, ou envers les sujets et vassaux du roi du Congo ; de justes prix seraient pratiqués dans les transactions commerciales avec les négociants de Luanda ; on cesserait d'inonder le royaume Kongo de *zimbu* importé de l'extérieur (Benguela et Brésil en l'occurrence) ; « des juges désintéressés » seraient établis en divers points du Congo pour examiner les esclaves vendus, afin de s'assurer s'ils étaient libres, volés ou réellement esclaves. A Luanda, ce projet de traité fut jugé impertinent, et on lui en substitua un autre, que D.Garcia refusa. Aussitôt, une armée fut envoyée pour mettre son royaume « à feu et à sang ». Le roi s'empressa d'expédier une ambassade à Luanda pour capituler.

Les termes du nouveau traité de paix étaient durs pour le Congo et, dans une version définitive, le roi de Portugal les atténua quelque peu. Voici les principaux articles de ce traité (que le Congo ne ratifiera qu'en 1656) : le *Soba* d'Ambuila, un Dembo jusqu'alors (en principe) vassal du roi du Congo, dépendrait désormais de Luanda; aucun Européen n'entrerait dans le royaume Kongo sans passer par le port de Luanda (ce qui excluait d'office les rivaux Hollandais et Espagnols) ; le commerce à l'intérieur du Royaume Kongo sera libre pour les Portugais, les tissus, le sel, et les esclaves, devront circuler sans être frappés de péages ; des droits d'entrée pourront être perçus uniquement à la frontière avec l'Angola ; les salaires des porteurs seraient fixés au montant qu'ils atteignaient autrefois, leurs charges seraient limitées à un poids convenu et ils ne devraient pas les abandonner à mi-chemin ; enfin, le Congo devait céder ses droits sur les terres situées au sud du fleuve Dande, c'est-à-dire celles qui confinaient à l'Angola. Elles comprenaient l'île de Luanda, d'où le Roi du Kongo tirait sa monnaie, le *zimbu.*

On proposait toutefois de laisser à D. Garcia II les dites terres et l'île, s'il acceptait de dévoiler aux Portugais l'emplacement de ses mines de cuivre et leur permettait de les exploiter. Dans l'un ou l'autre terme de l'alternative, il perdait une partie de sa souveraineté. Le roi optera pour le premier, sans pour autant renoncer définitivement à l'espoir de récupérer un jour ses possessions méridionales (espoir d'ailleurs parfaitement vain). Il préférait perdre l'île de Luanda et sa source de *zimbu* plutôt que de voir les Portugais s'implanter chez lui.

Malgré le choix de D. Garcia II, les hommes de Luanda ne renonceront pas, de leur côté, à la perspective alléchante de s'emparer des mines du Roi du Kongo, fût-ce par la violence. A cette convoitise viendront s'ajouter d'autres soucis, et la menace d'une offensive générale se précisera. L'insoumission des *sobas* vassaux, à l'intérieur de l'Angola, entraîne une pénurie d'esclaves, seule source de revenus des habitants de Luanda.

En 1653, les Luandais demandent au roi de Portugal l'autorisation de faire la guerre au Royaume Kongo et à la reine Jinga. La réponse est hésitante mais non négative. La crise entre Luanda et São Salvador continue à se développer pendant une décennie avant l'explosion finale.

En 1664, le successeur de D. Garcia II, D. António I, réclame toujours au gouverneur de l'Angola les terres perdues et l'île de Luanda. On lui répond qu'il doit d'abord céder ses mines, à quoi il réplique que « ces mines n'existent pas, et que même si elles existaient il ne les devrait à personne ». En 1665, le ton de la querelle monte brusquement, les chanoines métis de São Salvador s'entremettent pour défendre la cause des Bakongo, et lorsqu'à Luanda on ordonne la mobilisation de l'armée afin d'intimider D. António I, ils protestent vigoureusement. La guerre paraissant imminente, D. António I lance, le 13 juin 1665, une proclamation appelant ses sujets aux armes. Il enjoint : « ... toute personne de quelque qualité qu'elle soit, noble ou artisan, pauvre ou riche, capable de porter des armes offensives, dans toutes les villes, villages et hameaux de mes royaumes, provinces et seigneuries, d'aller dans les dix prochains jours [...] s'enrôler auprès de ses capitaines, gouverneurs, ducs, comtes, marquis, etc. [...] [pour] partir défendre nos terres, propriétés, enfants et femmes, nos propres vies et nos libertés, dont la nation portugaise veut s'emparer pour les dominer ».

Entre-temps, à Luanda, le gouverneur rédige tranquillement, à l'intention du commandant de l'armée, des instructions détaillées pour l'exploitation des mines. Le 29 octobre 1665, à Ulanga près d'Ambuila, les deux armées s'affrontent. Du côté portugais : 360 Portugais blancs et 6 à 7 000 Noirs; du côté congolais : 100 000 guerriers, 190 métis armés de mousquets et une compagnie de 29 hommes blancs résidant à São Salvador.

La bataille est furieuse et dure six heures (huit même selon d'autres témoins), mais les Portugais ont l'avantage de posséder deux pièces d'artillerie18 et remportent la victoire. D. António I, 400 nobles (dont 98 membres du corps administratif) et 5 000 de ses sujets perdent la vie. Les Portugais recueillent un butin considérable, entre autres la couronne que le pape Innocent X avait offerte à D. Garcia II en 1648. La tête de D. António I est ramenée à Luanda en « grand apparat funèbre », et enterrée dans la chapelle de Nossa Senhora da Nazaré, que le gouverneur André Vidal de Negreiros a fait ériger près de la ville pour commémorer la bataille.

Parvenue dans la capitale du Royaume Kongo, la nouvelle de la catastrophe provoqua une vague de colère contre tous les Européens24. Au Portugal, la victoire des *Conquistadores* fut mal accueillie. « Je sais », écrit Bernardo da Gallo (1700), « que le roi de Portugal fit tuer ceux qui avaient tué le roi D. António I et déposa le gouverneur d'Angola pour ne pas avoir empêché la chose » C'est peut-être à cause de toute cette réprobation que les vainqueurs n'ont pas cherché à occuper le pays ; ils se contentèrent de réduire à l'état de vassal le duc d'Oandu, seigneur des mines.

Curieusement, dans les années qui suivent, il ne sera plus question de ce pactole dont on avait tant attendu. Ce n'est que près de deux siècles plus tard, en 1856, que les Portugais réussiront effectivement à exploiter le cuivre, et encore pour quelques années seulement.

4.3. L'échec du christianisme au Royaume Kongo : tentative d'explicitation

En 1548, lorsque les jésuites arrivent au Royaume Kongo, ils sont pleins d'illusions. La désillusion ne tardera pas car aussitôt après ils déclarent le pays *ruinata nello spirituelle* : les Noirs se « persuadent de très grandes erreurs : certains croient qu'ils n'auront jamais à mourir [...] Et la plus grande injure que l'on puisse faire à un Noir, c'est de lui dire : ton père est mort ou ta mère est morte.

Lorsque quelqu'un meurt, ils disent qu'on l'a emporté ». La croyance en l'immortalité ne serait-elle que la promesse chrétienne d'une vie éternelle, saisie selon une optique africaine, comme le prolongement de la vie corporelle ? Et l'hypersensibilité des Noirs pour tout ce qui touche à la « mort » de leurs ancêtres ne serait-elle pas due aux allusions trop directe des jésuites, qui les représentaient comme exclus du salut, parce que morts avant l'arrivée des Européens porteurs de l'Évangile

La notion chrétienne de péché est, dans plusieurs de ses aspects, incompréhensible ou interprétée différemment selon la théologie reçue de la tradition dit et ce que les Noirs saisissent : « Lorsqu'on leur explique comment ils doivent se repentir de leurs péchés, ils disent qu'ils n'en ont pas ».

Les bakongo avaient finis par avoir l'impression que la confession n'était qu'une sorte d'espionnage, permettant aux missionnaires d'obtenir des renseignements sur les affaires temporelles. Le peuple chrétien du royaume Kongo dans sa majorité pensait que les religieux étaient de connivence avec les Portugais, qui cherchaient à s'emparer de leur pays (cf. J. Cuvelier, *Relations sur le Congo du P. Laurent de Lucques, (1700-1717),* p. 125).

Au XVIIe siècle, les jésuites tenteront de leur inculquer le sentiment du péché par leurs « cours de cas de conscience et de morale ». En 1603, un missionnaire déclare que le Congo est « totalement ruiné sur le plan des bonnes mœurs et n'est chrétien que de nom ». L'évêque Manuel Baptista, célèbre pour ses excommunications, notait en 1619 à propos des bakongo : Le christianisme parmi eux est si imparfait que le roi lui-même a des concubines publiques.

Parmi cette multitude de gens, il n'y en a que très peu qui regardent comme péchés les vices des sens. Beaucoup parmi eux prennent le nom de défenseur de la foi du Christ, envoient des ambassadeurs à la cour de Rome et à celle du roi catholique. Ils font cela plutôt par vanité que par un sentiment de zèle pour la religion ».

Le Hollandais protestant, O. Dapper, écrivant au milieu du XVIIe siècle, est plus sévère encore : « Mais quoique la plupart de ces Nègres fassent profession extérieure du Christianisme, le plus grand nombre est encore tout idolâtre dans le cœur ; et adore secrètement ses faux dieux [...] Ce sont de francs hypocrites, qui ne sont Chrétiens qu'en présence des Européens et qui portent plus de respect à leur Roi qu'au vrai Dieu »[12].

Telle qu'elle est, la christianisation se concentre autour de São Salvador et dans le Soyo. « Le royaume n'est pas entièrement catholique », écrit Jean François de Rome en 1648, « car dans les régions périphériques il y a des païens ; pourtant la majorité de la population professe notre sainte foi »En effet lorsque Jean François de Rome écrit *Brève Relation,* p. 111. Le nord et le nord-est du pays sont très peu touchés par le christianisme ; en 1650, Jérôme de Montesarchio, visitant les régions de Masinga et Sevo (Essevo) rapporte qu'aucun prêtre n'y était passé depuis les règnes de quatre rois (cf. *M.M.A.,* vol. X, p. 484).

A ceci font écho les propos de Bernardo da Gallo, écrivant au début du XIIIe siècle : « Il est vrai que les Congolais, et beaucoup plus ceux qui étaient à São Salvador, embrassèrent entièrement et avec amour la sainte foi. Ils en eurent une vraie connaissance et devinrent bons chrétiens. Cependant dans les provinces, les paysans furent ensuite baptisés toujours en plus

[12] O. Dapper, *Description de l'Afrique* (1668), p. 357 *(Naukeurige Beschrijoinge,* p. 588).

grand nombre, mais n'eurent jamais la vraie connaissance de la foi. Jamais non plus ils n'abandonnèrent leurs coutumes païennes [...] Tout cela posé, je dis que la chrétienté du Congo est présentement une vraie chrétienté catholique romaine, mais fort affaiblie par l'ignorance, par les guerres et par les superstitions [...] Les paysans et ruraux de la province se font baptiser volontiers et arrivent en grande foule même dans les chemins où passe le prêtre. Ils portent sur les bras et au cou de petites chaînes bénites, en signe d'esclavage envers la Madone, et portent le scapulaire du Carmel fait de notre habit, ou du moins d'une autre étoffe avec quelque petit morceau de notre habit et ensuite béni par le missionnaire, et cela ils le veulent presque de force. Je voulais laisser tomber semblables dévotions »[13].

Le missionnaire avait raison d'exprimer ces réserves. L'attachement de cette « chrétienté catholique romaine » à ses pratiques fétichistes traditionnelles est aussi inquiétant que naturel. Mais Bernardo da Gallo continue : « Parmi eux [les paysans et les ruraux], il y a très peu de mariages et on ne peut entendre que très peu de confessions. Les vrais Congolais sont fort ignorants, très affectés par les misères et usent de superstitions. Parmi eux, il ne manque pas de bons chrétiens, chastes dans les mariages, fidèles et fréquents à se confesser. Il y en a qui, à cause des larmes et des sanglots, ne peuvent qu'à peine accuser leurs fautes. Ils apprennent entre eux les prières chrétiennes, le symbole de la foi et les mystères comme ils peuvent »[14].

Rosario del Parco propose une image analogue un demi-siècle plus tard « ... le roi et la plupart des Noirs de sa cour sont mariés selon les lois de la Sainte Église, ainsi que beaucoup de ses vassaux et princes sous sa domination. Leur nombre pourrait atteindre 6 000. Tous les autres vivent en

---

[13] Bernardo da Gallo (1710), in L. Jadin, « Le Congo et la secte des Antoniens », in *Bull, de l'Inst.*

[14] Idem.

concubinage, à cause de la grande distance pour aller trouver un missionnaire »[15].

En Angola, par contre, on assiste à une acculturation à rebours : « Dès qu'une esclave a reçu le baptême, ils [les Blancs] la prennent comme concubine et la poussent à invoquer le démon. Eux-mêmes y assistent pour deviner si leur négoce doit être prospère [...] Ainsi, à Luanda, même, où vit l'évêque, on invoque le démon par les esclaves, sans aucune honte, presque toutes les nuits, dans les maisons des Blancs, et les maîtres y assistent comme à un triomphe de leur méchanceté » (cf. *ibid.*, p. 363).

En 1721 déjà, Giuseppe Monari da Modena disait que les Blancs de l'intérieur de l'Angola « étaient plus adonnés au fétichisme que les Noirs eux-mêmes » (cf. Evaristo Gatti, *Sulle Terre e sui Mari,* Parme, 1931, p. 244) et en 1834, António Gil pouvait écrire, après un séjour à Luanda, qu'il n'avait « jamais vu un Noir converti aux idées et façons de penser des Blancs, mais qu'il avait bien vu beaucoup de Blancs convertis aux croyances et pratiques des Noirs, principalement les femmes ». (Cf. António Gil, « Considerações sobre alguns pontos mais importantes da moral religiosa e systema de jurisprudência dos pretos do continente da Africa occidental... », Lisboa, 1854. Beproduit in *Boletim LIV da Uniaersidade de São Paulo, Etnografia e Lingua Tupi-Guarani,* n° 8, Sfio Paulo (Brésil), 1945, p. 35. Citation tirée de l'ouvrage sur le Royaume Kongo précité.

Dans le dernier quart du XVIIIe siècle, lorsqu'il n'y a presque plus de missionnaires au Congo et que le pays est en plein déclin, l'abbé Proyart nous offre cette image émouvante de ce qu'était devenu le christianisme au Soyo : « Depuis longtemps les enfants n'y sont point baptisés, et les adultes sont privés des Sacrements et de tous les secours de la Religion. Ces pauvres peuples néanmoins restent attachés au Christianisme, et ils en font profession publique. Ils conservent le souvenir de la plupart de nos Mystères, et les

---

[15] Rosario del Parco (1760), in L. Jadin, » Aperçu de la situation du Congo en 1775 », in *Bull, de l'Inst. Hist. Belge de Rome,* XXXV (1963), p. 371.

commandements de Dieu qu'ils apprennent soigneusement à leurs enfants. Ils ont horreur de l'idolâtrie. N'ayant point de pasteurs qui les dirigent, ils tâchent de se conduire eux-mêmes de leur mieux : ils s'assemblent régulièrement les dimanches pour chanter des Hymnes et des Cantiques en l'honneur du vrai Dieu. Quelquefois, le Chef ou l'un des plus anciens du village fait une exhortation au Peuple pour l'engager à vivre chrétiennement, et de manière à mériter que Dieu leur envoie des Pasteurs et des Guides éclairés dans les voies du salut. Généralement parlant, la foi de ce bon peuple est grande, et on a droit d'espérer de la miséricorde du Souverain Pasteur des Ames, qu'il leur en tiendra compte »[16].

L'abbé Proyart reprend ici les relations de missionnaires français au Kakongo (1766-1776), surpris de découvrir quand ce ne serait que des souvenirs du christianisme dans ces parages. On sait effectivement que malgré les efforts de ces missionnaires, le christianisme ne s'est jamais implanté au nord du fleuve (cf. J. Cuvelier, *Documents sur une Mission française au Kakongo (1766-1776),* Mémoire I.R.C.B., t. XXX, fasc. 1 (1953).

Le témoignage de Raimondo da Dicomano (1798) est moins naïf et plus inquiétant quelques décennies plus tard il estime que la religion actuellement au Congo n'est plus qu'une simple apparence, on y découvre seulement quelques restes de christianisme et de religion [...] Ils [les Congolais] estiment et désirent être chrétiens et se disent honorés de ce qu'on n'ose pas les appeler par mépris païens [...] Cependant, si le Père les invite avec charité ou demande de leur enseigner le catéchisme et de les instruire dans les saints mystères, pour qu'ils sachent ce qu'ils ont à croire et ce qu'ils ont à faire, ils ne veulent pas venir et ne veulent pas entendre, et si pour cela le Père refuse de les baptiser, ils entrent en fureur et on se tourne avec férocité contre le Père et ses porteurs et on se trouve en danger de perdre la vie. Ils pensent que le Père fait peu de cas d'eux en ne les baptisant pas, et ils se jugent déshonorés [...] Ils

---

[16] Abbé Proyart, *Histoire de Loango, Kakongo et autres royaumes d'Afrique,* Paris, 1776, p. 317.

demandent la communion sans s'être confessés, si le Père la leur refuse, ils s'estiment offensés. Dans ces cas, pour se venger, ils donneraient au missionnaire un fétiche.

Le fétiche, fait « d'herbes, de racines et d'animaux venimeux », avait rendu le missionnaire malade pendant plus d'un mois. Voici donc les rites chrétiens vidés de leur contenu et ramenés au rang de sortilèges parmi d'autres. Toute idée de salut et de sacrifice est méconnue ; à la religion des Blancs, on ne demande que l'« honneur » temporel qu'elle peut conférer.

Pour tous ces témoignages, il convient de tenir compte des circonstances dans lesquelles ils furent écrits, ainsi que de la personnalité du témoin. La sévérité de l'évêque Manuel Baptista tient à son désir de ramener le mythe d'un royaume chrétien à ses justes proportions, celle de Dapper à son mépris de protestant pour l'oeuvre de missionnaires catholiques, alors que l'émerveillement attendri de Proyart provient d'une ignorance des siècles précédents d'évangélisation. Raimondo da Dicomano touche-t-il de plus près la vérité ?

CHAPITRE III. EGLISES CHRETIENNES EN AFRIQUE

Je retiens deux personnages parmi la flopée qui a joué de près ou de loin un rôle déterminant dans la colonisation, et en même temps dans l'évangélisation protestante, de l'Afrique australe, orientale et centrale. Il s'agit de David Livingstone et de Henry Morton Stanley, tous deux des sujets britanniques.

Si, au début du XVIIIe siècle, les missions catholiques ont paru faire preuve de plus de dynamisme que les missions protestantes, tel n'est pas le cas, en revanche à la fin du même siècle qui présente aux yeux de l'observateur une situation inverse. Quelles sont alors les raisons d'une telle inversion ? Quelles explications est-il possible de proposer à ce virement ? Je me propose dans ma démarche de revenir brièvement sur quelques pasteurs et missions protestantes à travers le nouveau monde, pour mieux comprendre.

Le terrain de mission défriché au XVIIIe siècle sans doute le plus surprenant fut le Groenland. L'île est alors peu connue et est surtout une zone de pêche à la baleine pour danois et hollandais. En 1710, Hans Egede (1686-1758), pasteur luthérien de Waagen, marqué par ses lectures sur le pays, par les discussions à la Cour de Copenhague autour de l'idée de mission et par ses relations avec Thomas von Westen qui, à la même époque, évangélise les Lapons, établit un plan pour la conversion et l'instruction des Groenlandais.

Les difficultés politiques, les réticences des évêques et les problèmes familiaux font qu'il n'embarque, avec sa femme et ses quatre enfants, en compagnie de quarante-six personnes, qu'en mai 1721. Il atteint l'île d'Imeriksok, sur la côte Ouest du Groenland, le 3 juillet 1721 et y fonde la colonie de Godthåb. La rencontre avec les Eskimos est difficile mais la langue est apprise peu à peu grâce à son fils Paul, né en 1708, qui joue avec les petits Eskimos. Le premier baptême a lieu en 1724[17].

Il y avait eu auparavant une tentative hollandaise avec l'ancien esclave Jacobus Eliza Joannes Capiten, formé à l'université de Leyde et qui avait ouvert à son retour à Al-Mina une école pour les indigènes; mais il est mal accueilli par les colons. On retrouve Protten bien plus tard sur la Côte de l'Or, au fort danois de Ningo, où il accueille, en 1768, cinq Moraves, dont Jacob Mader.

Plütschau arrive aux indes malade, rentre en Europe en 1711. Ziegenbalg, après un séjour en Europe de 1714 à 1716, revient à Tranquebar et commence la traduction de l'Ancien Testament, tâche interrompue par sa mort, le 23 février 1719.

---

17 D'autres missionnaires viennent l'aider : Albert Top en 1723, Ole Lange et Heinrich Milzoug en 1725. Un deuxième poste de mission est ouvert en 1724 sur l'île de Nepisene, mais il est abandonné très vite à la suite d'une attaque des Hollandais. En 1728, Godthåb est transféré sur la terre ferme, ce qui est d'autant plus nécessaire que les Eskimos, méfiants devant l'arrivée de nouveaux colons, sont partis plus au nord. En 1730, le roi Christian VI, trouvant la colonie peu productive, fait rapatrier les colons. Seuls restent quelques missionnaires comme Top et Egede. Ce dernier ne rentre en Europe qu'en 1736, après la mort des Eskimos de Godthåb en 1734 et de sa femme en 1735, à la suite d'une épidémie de petite vérole. Hans Egede se consacre désormais à faire connaître le Groenland. Il traduit des psaumes en groenlandais, publie un catéchisme. Il fonde, en 1737, le Seminarium Groenlandicum pour former des missionnaires et il devient en 1740 superintendant de l'église missionnaire du Groenland. Son fils Paul lui succède en 1747 à la tête du séminaire. Il traduit les évangiles en 1744 et l'ensemble du Nouveau Testament en 1766.

La traduction de la Bible est achevée par Benjamin Schultze (1689-1760), qui traduit également des cantiques piétistes. Il se consacre surtout à l'évangélisation des musulmans.

Dès 1725, la mission déborde du territoire danois et collabore avec la Society for Promoting Christian Knowledge ; les écoles et les chapelles se multiplient, des médecins sont présents à partir de 1730, un premier pasteur tamoul est ordonné en 1733.

On compte jusqu'à cinquante-six missionnaires royaux danois. Johann Philipp Fabricius (17111791) réalise une nouvelle traduction de la Bible en tamoul et effectue de nombreux travaux linguistiques ; vivant à Madras, il est en butte aux persécutions des autorités et est allé plusieurs fois en prison. Le principal missionnaire, dans la deuxième moitié du siècle, est Christian Frédéric Schwartz (1726-1798) ; il évangélise les environs de Tranquebar, va jusqu'à Colombo. Il s'installe en 1762 dans une ville de l'intérieur, Trichinopoli, puis à Tanjore en 1772.

Il est aumônier auprès de la Compagnie des Indes anglaise et le sultan de Tanjore en fait le tuteur de son fils. En 1800, la mission aurait vingt mille convertis. Mais l'ère moderne des missions protestantes en Inde débute avec l'arrivée, en 1793, du baptiste anglais William Carey (1761-1834) qui proclame la nécessité du devoir missionnaire et dont l'exemple va susciter la naissance de nombreuses sociétés missionnaires.

Plus à l'Est, aux Indes néerlandaises, les missions sont plus difficiles car, pendant longtemps, seule l'église réformée néerlandaise est autorisée. Les pasteurs enregistrent des conversions à Ceylan à partir des années 1640, mais généralement d'indigènes déjà catholiques ; on arrivera tout de même à un total de trois cent mille convertis en 1800 .

Les frères moraves Nitschmann et Christian Friedrich Eller arrivent à Ceylan en 1738 ; mais ils sont chassés par les pasteurs au service des planteurs. En Indonésie, on recense quarante-trois mille sept cent quarante-huit baptêmes d'indigènes de 1708 à 1771 auprès des pasteurs et des prédicateurs de la VOC (Verenigde Oostindische Compagnie) ; c'est surtout la population parlant malais qui est concernée, le Nouveau Testament ayant été traduit en malais dès 1668.

Des frères moraves sont à Batavia à partir de 1746, d'autres à Nicobar (près de Sumatra), de 1768 à 1788. À ce vaste tour d'horizon des missions protestantes, on peut ajouter quelques autres entreprises des frères moraves. Certains s'établissent, à la demande de Catherine II, à Sarepta, sur le cours supérieur de la Volga. On en trouve également à Alger (1740), en Perse (1747-1750), en Égypte (1752-1783).

1. LE PROTESTANTISME PLURIEL

C'est au 19ème siècle que le protestantisme s'affirme en Afrique Noire, en premier lieu dans les pays anglophones tels que le Ghana, le Nigeria, le Kenya ou l'Afrique du Sud.

Au Ghana, par exemple, son introduction date de 1835, lorsque "la WMMS, (la *Wesleyan Methodist Missionary Society*), envoyait un premier missionnaire à titre expérimental". Le protestantisme s'est étendu à l'Afrique francophone au milieu du 20ème siècle, avec l'arrivée notamment des missionnaires américains[18].

Au Congo, par exemple, les premiers missionnaires américains arrivèrent dans les années 1930 pour y construire des églises, des écoles et des hôpitaux. Alors que les missions catholiques apparaissaient comme des missions nationales qui, malgré les discours officiels, soutenaient l'administration coloniale, souligne l'historien François Durpaire, les missions protestantes apparaissaient pour de nombreux Africains comme des alternatives possibles, des formes de revendication politique[19]. "Le protestantisme n'était pas en Afrique

---

[18] Jérémie Kroubo Dagnini, « Dictatures et protestantisme en Afrique noire depuis la décolonisation: le résultat d'une politique françafricaine et d'une influence américaine certaine », in *Historia Actual Online* 2008, p. 112, consulté le 18 aout 2020.

[19] Idem.

francophone dans son espace *'naturel'*; il n'y avait pas ici de légitimité reconnue (comme en Afrique britannique).

Dans le cas de l'Afrique belge, il y a une collusion évidente appelée trilogie coloniale, car elle implique aussi les entreprises marchandes dites sociétés à charte, entre l'administration et le mouvement missionnaire catholique, le protestantisme étant clairement considéré comme une religion étrangère ou suspecte.

À l'exception peut-être du Cameroun et du Togo, les missions protestantes sont perçues avec suspicion ou comme des missions étrangères dont il fallait se méfier"[20]. Les missions protestantes effrayaient d'autant plus les autorités coloniales françaises qu'elles étaient fortement associées aux mouvements indépendantistes.

En effet, les mouvements nationalistes de mars 1947, à Madagascar, furent attribués, entre autres, à des pasteurs protestants. De même, "[e]n avril 1952, les autorités du Cameroun se plaign[aient] des pasteurs africains de la mission protestante américaine de la région d'Edea".

En Guinée, la mission est surtout le fait des Moraves, à la suite d'une rencontre entre Zinzendorf et Christian Protten (1715-1769), héritier d'un chef de Petit Poto. En 1737, Protten et un Morave, Heinrich Huckoff, débarquent à AlMina. Mais Huckhoff meurt au bout d'un mois et Protten repart en 1740 vers les Antilles, à cause de la guerre qui sévit entre les Provinces-Unies et le Dahomey.

2.1. David Livingstone (1813-1873)

La figure la plus célèbre, et la plus attachante aussi, reste sans aucun doute David Livingstone. Missionnaire protestant écossais, il part en Afrique du Sud en 1841 pour le compte de la Société Missionnaire protestante, la *London Missionary Society*.

Homme de foi, animé d'un profond respect pour les populations qu'il découvre et passionné pour ce continent inconnu, il part vers le nord et explore pendant plus de vingt

[20] Idem.

ans de vastes régions de la Zambie actuelle, du sud de l'actuelle RDC, des Grands Lacs et de l'Angola.

Pour Hochschild, « Toutes ces réactions instinctives à l'égard de l'Afrique - zèle antiesclavagiste, quête de ressources brutes, évangélisation chrétienne et simple curiosité - sont personnifiées par un seul homme : David Livingstone. Médecin, prospecteur, missionnaire, explorateur et même consul britannique, il sillonna l'Afrique durant trente ans à partir du début des années 1840. Il partit en quête des sources du Nil, dénonça l'esclavage, découvrit les chutes Victoria, chercha des minéraux et prêcha l'Évangile. Au titre de premier homme à avoir traversé le continent d'est en ouest, il devint un héros national en Angleterre. » (1998 : 41-42)23.

En 1866, Livingstone se lança dans une nouvelle longue expédition, à la recherche de trafiquants d'esclaves, de chrétiens potentiels, des sources du Nil[21].

---

[21] Les années s'écoulant sans qu'il revienne, on commença à s'interroger sur son sort, et en 1871, James Gordon Bennett, le directeur du New York Herald, envoya Stanley en Afrique à sa recherche. Celui-ci le trouva : « Le 10 novembre 1871, un jeune Blanc arrive à Ujiji, un village africain sur les bords du lac Tanganyika. Tandis que la population lui fait fête, un autre Blanc, au visage émacié et à la barbe fournie, sort d'une case et se dirige lentement vers lui. L'intrus ôte son chapeau et lui lance cette apostrophe aussi laconique qu'immortelle: « Dr. Livingstone, I presume? ». Le missionnaire David Livingstone (58 ans) n'avait pas rencontré d'Européen depuis cinq ans et passait pour disparu... quand il fut ainsi retrouvé par le journaliste Henry Morton Stanley, de son vrai nom John Rowlands (30 ans) ». Stanley lui-même relate cette rencontre : « l'homme sage et expérimenté et le jeune héros intrépide se lièrent vite d'amitié durant leurs mois d'exploration commune. Ils longèrent en bateau l'extrémité nord du lac Tanganyika, dans l'espoir de découvrir le lieu d'où s'écoulait le Nil, mais eurent la déception de ne trouver que celui où affluait un autre fleuve : le Congo. L'aîné des deux hommes légua sa sagesse à son cadet avant qu'ils ne se disent tristement adieu et ne se séparent à jamais » (Stanley, H.M.,1878 : 54). De façon fort opportune pour Stanley, nous dit Hochschild, Livingstone resta en Afrique et y mourut peu après, avant d'avoir eu le temps de rentrer chez lui où il aurait fait un récit tout à fait différent de l'aventure. Stanley sut avec ruse saupoudrer son récit de chefs pittoresques, de sultans exotiques et de serviteurs fidèles, le tout introduit par des généralisations hâtives qui permettaient à ses lecteurs de se sentir à l'aise dans un monde inconnu... (1998 :44). Par ses qualités d'homme spirituel et par son approche humaniste de l'Afrique, Livingstone constitue, d'une certaine manière, une exception parmi tous les explorateurs de cette époque. Il meurt épuisé et de maladie dans les marécages du lac Bangouélo, au nord de la Zambie, en 1873. Ses récits de voyage et la valeur de ses observations sur les peuples qu'il a visités, ainsi que ses qualités humaines reconnues de tous, lui ont valu un grand prestige. Sa dépouille

2.2. Henry Morton Stanley (1841-1904)

Comme Livingstone, Henry Morton Stanley reste lui aussi un des plus célèbres explorateurs de l'Afrique orientale et centrale, même si Adam Hochschild ne le décrit pas en des termes élogieux : « Contrairement au pacifique et paternaliste Livingstone, qui voyageait sans large escorte de suiveurs lourdement armés, Stanley était un tyran cruel et brutal. Il estimait, dans ses écrits des voyages, que les Noirs étaient une immense source de problèmes et manquaient trop de gratitude pour lui plaire.

C'est à la baguette qu'il menait ses hommes à travers collines et marais. Lorsque la boue et l'humidité minaient l'énergie physique de ceux enclins à la paresse, un coup de fouet sur l'échine leur donnait du nerf, parfois même en surplus. Quoiqu'il n'eût déserté de l'armée américaine qu'une demi-douzaine d'années plus tôt, Stanley notait avec satisfaction comment 'les incorrigibles déserteurs [...] étaient correctement flagellés et enchaînés'. Il se peut que, note ironiquement Hochschild, les habitants des villages traversés par l'expédition de Stanley aient pris celle-ci pour une caravane d'esclaves parmi tant d'autres. » (1998 :44-45)

Le voyage de Stanley au départ de la côte orientale du continent, officiellement à la recherche de Livingstone, est décrit par Hochschild comme unique dans l'histoire de l'exploration : « Au printemps de 1871, accompagné d'un chien appelé Omar, de porteurs, de gardes armés, d'un interprète, de cuisiniers, d'un guide chargé du drapeau américain et de deux marins britanniques – au total cent quatre-vingt-dix hommes, soit la plus importante expédition d'exploration de l'Afrique à ce jour -, Stanely partit de la côte orientale et s'enfonça à l'intérieur des terres pour retrouver Livingstone, que les Européens n'avaient alors pas revu depuis cinq ans.

« Où qu'il soit, déclara-t-il aux lecteurs new-yorkais de son journal, soyez sûrs que je n'abandonnerai pas les recherches. S'il est vivant, vous entendrez ce qu'il a à dire ; s'il est mort, je

---

repose aujourd'hui dans l'église de Westminster Abbey, à Londres. D'autres ont effectivement parcouru le continent noir, notamment Cameron et Stanley.

trouverai ses os et je vous les rapporterai ». Stanley dut écumer le pays pendant plus de huit mois avant de rejoindre l'explorateur et de pouvoir prononcer la célèbre question : 'Docteur Livingstone, je suppose ?'» (Ibid. : 45).

Gallois, se faisant passer pour un citoyen de naissance américaine, Stanley était à lui seul l'Anglais et l'Américain de son expédition anglo-américaine. Cette dénomination, toutefois, attestait le fait que ce voyage, beaucoup plus onéreux et ambitieux que la recherche de Livingstone, était financé conjointement par le puissant groupe de presse anglo-américain New York Herald de James Gordon Bennett pour lequel il travaillait et celui du Daily Telegraph de Londres de Edward Levy-Lawson.

Parcourant par la suite le centre du continent au cours de plusieurs grandes expéditions et durant près de vingt années, il sera, entre autres exploits, le premier à découvrir dans toute son ampleur le cours du fleuve Congo, jusqu'à son embouchure qu'il atteindra en 1877. En effet, en 1874, accompagné de son imposante caravane habituelle de gardes et de porteurs, il s'était enfoncé de la côte Est vers l'intérieur, en direction de l'espace vierge le plus immense sur la carte, le cœur équatorial du continent, où aucun Européen n'avait encore mis les pieds (Ibid. : 57). Il effectua la traversée de tout le continent africain, d'Est en Ouest et, contrairement à Verney Lovett Cameron, seul Européen à avoir accompli cet exploit avant lui, Stanley était parvenu à l'embouchure du Congo.

2.3. Les dérives sectaires du protestantisme

Les principales dérives sectaires en Afrique (comme ailleurs) sont généralement d'ordre financier et/ou sexuel. En effet, la quasi-totalité des sectes s'enrichissent au détriment des adeptes, les dons, les offrandes, voire dans certains cas le reversement à la secte d'un certain pourcentage du salaire des fidèles constituant le fondement essentiel de leur fortune.

Aussi, ne sont pas rares les cas d'exploitation sexuelle de convertis sous l'emprise de gourous aux pulsions sexuelles débridée. Outre ces types de dérives couramment rencontrées dans les sectes, d'autres encore plus surprenantes existent en

Afrique au sein des nombreuses églises se revendiquant de la mouvance évangélique. C'est le cas, par exemple, du phénomène des “enfants Sorciers” de Kinshasa ainsi que des parents et vieillards indigents traités en tant que tels pour les éloigner des enfants qui ont des richesses qu'ils offrent aux pasteurs et Eglises. D'autres pasteurs sont des détenteurs illégaux d'armes pour soutenir soit le pouvoir en place ou les groupes armés.

Nous sommes à Kinshasa une tentative des coup d'Etat a lieu et un pasteur est arrêté en Afrique du Sud: "C'est un enlèvement", dénonce Cédar Nziamboudi, membre du bureau du Paul-Joseph Mukungubila à Paris. En effet, Monsieur Mukungubila, pasteur de son état, venait d'être arrêté le matin vers 6 heures à son domicile de Johannesburg par l'Interpol et des éléments de la police sud-africaine". Cédar Nziamboudi se confiant à *Jeune Afrique*, soulignait que c'est "sur demande des autorités congolaises".

Dans la foulée, le pasteur Mukungubila a été présenté devant le tribunal de Johannesburg où il est notamment accusé "d'entretenir un groupe de mercenaires pour déstabiliser le pouvoir de Joseph Kabila en RDC".

Pour la petite histoire, en décembre 2013, des personnes qui se présentaient comme des adeptes du "prophète du Ministère de la Restauration à partir de l'Afrique noire", avaient lancé des assauts notamment à la radio-télévision nationale et à l'aéroport de N'Djili à Kinshasa. La riposte de l'armée fut sanglante : plus de 100 morts en une journée. Les attaques avaient aussi touchée la province du Katanga et la ville de Kindu[22].

Les prophètes de Dieu en Afrique, du moins ceux des Eglises de réveil ont le verbe haut mais n'aiment pas qu'on les critiques. Surnommé prophète de Dieu à Goma, Jules Mulindwa s'était retrouvé lundi 19 février 2018 détenu au cachot de la

---

[22] Lire article Trésor Kibangula, « RDC : Arrestation du pasteur Mukungubila, instigateur présumé des attaques du 30 décembre » in *Jeune-Afrique*, 15 mai 2014. Site : https://www.jeuneafrique.com/163769/politique/rdc-arrestation-du-pasteur-mukungubila-instigateur-pr-sum-des-attaques-du-30-d-cembre/ , consulté le 20 août 2020.

police des renseignements (P2) de cette ville du Nord-Kivu. Motif, poursuite notamment pour participation criminelle à l'enlèvement de l'artiste Black Man Bausi à Goma, deux jours avant l'ouverture du festival Amani le 9 février.

Jules Mulindwa, dont la célébrité est due aux affronts ainsi qu'aux critiques acerbes contre d'autres églises, est resté dans le collimateur de la justice. Ce pasteur de l'Eglise de réveil «Cité de refuge» serait poursuivi pour diverses infractions : enlèvement de l'artiste Black Man Bausi il y a deux semaines à Goma, diffamation, injures envers les religieux catholiques, de trafic d'influence et intimidation. Mais, la liste des déboires est longue. Selon les proches de son église, Jules Mulindwa était aussi poursuivi pour détournement d'une importante somme d'argent collectée auprès des fidèles au titre d'une mutuelle de l'église. Il y a quelques années, l'Eglise de Jules Mulindwa a été frappée d'interdiction de fonctionner à Goma, avant d'être rouverte, grâce aux documents officiels délivrés au niveau de Kinshasa. Allié du pouvoir, les déboires de ce dernier ont fini par le conduire à la prison centrale de Goma (Munzenze), Province du Nord-Kivu en République démocratique du Congo.

Une anecdote est même racontée sur son séjour en prison. Les prisonniers l'auraient torturaient. Ils suivaient les diatribes qu'il faisait contre les catholiques, alors que les chrétiens catholiques apportaient chaque dimanche de la nourriture pour les prisonniers comme apostolat. Ils avaient donc exigé qu'une vache soit amenée à la prison par ses fidèles et la viande distribuée aux prisonniers.

3. LE CATHOLICISME

3.1. Difficile succession au royaume Kongo

L'histoire de La christianisation du royaume Kongo sous les deux premiers rois chrétiens Dom João 1er et Dom Afonso 1er avait amplement montré à quel point la vitalité du christianisme était tributaire de contingences diverses parmi lesquelles la personnalité du roi régnant constituait le facteur prépondérant. Il y a eu une succession difficile de Dom Afonso[23].

Dom Diogo 1er était bien différent de son prédécesseur. Homme d'humeur versatile, de caractère méfiant et de conduite morale peu édifiante, il commença par demander de nouveaux

[23] La succession de Diego Ier fut pénible car le royaume Kongo était tombé en anarchie. Son fils Afonso II lui succéda, mais fut assassiné quelques jours plus tard par son demi-frère qui prit le pouvoir sous le nom de Bernardo Ier. Mais en 1567, le souverain fut tué en combattant les Yaka qui menaçaient par l'est du royaume. Son successeur Henrique Ier subit le même sort et son fils devint roi en 1568 sous le nom d'Alvaro Ier, qui régnera de 1568 à 1587. Entre-temps, les Yaka continuaient à menacer le royaume : ils en occupèrent une grande partie ainsi que la capitale Sâo Salvador en 1569 jusqu'en 1571. Le roi Alvaro (Ndoluvwalu) dut se réfugier sur une île du fleuve Congo et faire appel à son « frère » du Portugal, qui envoya un corps expéditionnaire à son secours à partir de Sâo Tomé. Rétabli sur le trône de Mbanza Kongo, Dom Alvaro Ier se montra très bienveillant à l'égard du christianisme et envoya plusieurs ambassades au Portugal pour obtenir des missionnaires.
L'évangélisation pouvait reprendre, avec l'entrée en lisse en 1570, de dominicains venus pour reconstituer la chrétienté. Mais ils ne purent rester longtemps. Pendant ce temps, au Portugal, la situation avait changé puisqu'en 1580, le Portugal était annexé par l'Espagne et le roi d'Espagne s'était fait reconnaître comme roi du Portugal en 1581, et se considérait désormais comme héritier du padroado.
Dès lors, Madrid prétendait envoyer au Kongo comme dans toutes les colonies portugaises les missionnaires espagnols. En 1582, cinq carmes déchaux embarquèrent pour le Congo, mais disparurent dans le naufrage du bateau qui les transportait ; les quatre suivants furent capturés par les Anglais alors en guerre contre l'Espagne.
Il n'y eut finalement que trois carmes au Kongo, de 1584 à 1587. A Sâo Salvador, ils trouvèrent quatre prêtres diocésains. Le roi les accueillit en leur disant que, jusqu'ici, les religieux arrivés au Kongo avaient laissé leur sainteté en nord de l'Equateur (de Benoist, 1991 :42). Leur ministère itinérant fut très fructueux : ils baptisèrent 10 000 personnes à Mbata, Mpango, Nsundi et Sâo Salvador. La tradition veut que leur prédication ait été accompagnée de miracles. Enthousiastes, ces derniers étaient rentrés en Europe pour y recruter d'autres confrères pour la mission au Kongo. Mais leur nouveau supérieur, Jean de la Croix, le réformateur de la branche masculine du Carmel, en développant l'ordre des Carmes déchaussés, s'y opposa, jugeant la vie missionnaire incompatible avec la vie contemplative du Carmel (Bontinck, 1980 : 400).
Dom Alvaro trouva dans l'annexion du Portugal par l'Espagne une occasion favorable pour essayer d'éliminer les contraintes résultant de l'exercice du padroado portugais, en appelant, pour cela, au pape. Il décida donc, en 1583, d'envoyer un ambassadeur à Madrid et à Rome et choisit pour cette tâche un commerçant portugais établi à Mbanza Kongo, nommé Duarte Lopes. Cette excellente idée eut des conséquences heureuses, quoique différente de l'objectif premier. Mais le pauvre Dom Alvaro ne connaîtra pas les résultats de son ambassade, car Duarte Lopes, victime d'aventures et d'innombrables contretemps, mit cinq ans pour arriver à Rome. Dom Alvaro était déjà mort !

missionnaires… qu'il jugea assez vite dérangeants. Les Jésuites répondirent les premiers à son appel.

Fort bien accueillis par le roi, ses fils et les grands du royaume, ils viennent s'établir en mai 1548 à Mbanza Kongo pour y ouvrir un collège de 600 élèves. Mais ce projet s'avéra rapidement irréalisable à cause du changement d'humeur du roi à l'égard des missionnaires. Il faut d'abord avouer qu'ils commirent des fautes.

Manquant de tact, ils firent au roi, en public et en pleine église, des remarques sur sa conduite peu exemplaire. Lui aussi en profita pour faire, par son ambassadeur au Portugal, Diogo Gomès, un prêtre séculier portugais né au Congo, au roi du Portugal des rapports défavorables sur Joâo Baptista, un évêque devenu prieur du couvent des Dominicains de Sâo Salvador, qu'il finit par expulser en 1547.

L'année suivante, Diogo Gomès revint au Congo avec quatre jésuites qui ouvrirent à Sâo Salvador un collège avec 600 élèves, mais vite Diogo Ier accusa ces Jésuites de l'insulter dans leurs sermons. Finalement ce premier groupe de jésuites partit, accompagné par Diogo Gomès qui entra au noviciat et prit le nom de Cornelio. Il informa Ignace de Loyola que le Portugal envisageait de déposer le roi Diogo Ier. Il revint en 1553 avec d'autres jésuites pour ouvrir de nouveau une école pour 600 élèves.

Les rapports avec le roi n'étaient toujours pas bons et le souverain expulsa certains prêtres accusés de pratiquer la traite esclavagiste, mais en même temps il demandait qu'on envoie d'autres plus âgés, ainsi que 300 exemplaires du catéchisme en bantou que Cornelio avait fait imprimer.

Mais ce dernier lui-même eut un conflit avec le roi : il avait découvert que la femme que Diogo avait épousée religieusement était une parente et qu'il aurait dû avoir une dispense. Il refusa la communion au couple royal, désavoué en cela par l'administrateur apostolique, Manuel Figueira, et les autres prêtres.

En 1555, Cornelio s'en alla, l'école n'était toujours pas ouverte, et Diogo Mirâo, supérieur de ce second groupe de Jésuites, écrivit à son tour à Ignace de Loyola en soulignant la nécessité de déposer le roi. On peut déjà lire ici en filigrane les accointances entre l'Église et l'État qu'on verra clairement à l'œuvre dans la dernière évangélisation de l'Afrique (deuxième moitié du XIXe siècle) sous l'administration coloniale.

Depuis lors les Jésuites portèrent leur préférence sur Luanda, où ils avaient été invités en 1556 par le « Grand Angola » (Inene Angola) et où ils fondèrent en 1574 un collège qu'ils maintiendront jusqu'en 1722.

C'est de là que, répondant à une invitation du roi Dom Pedro, ils viendront rouvrir à Mbanza Kongo un collège, « qui fonctionnera de 1623 à 1669 et contribuera à la formation des premiers prêtres Kongo et des notables du royaume » (Bontinck, F., 1980 :30). En 1557, deux Franciscains débarquèrent avec une provision de catéchisme de Cornelio et la mission de remplacer les Jésuites (trop impliqués dans le commerce des esclaves et toujours en conflit avec le roi). En 1560, Gaspar Câo, évêque de Sao Tomé (1554-1574) fut le premier titulaire du siège à visiter le Congo où il fut bien reçu par le roi. Celuici mourut l'année suivante.

Dom Henrique, fils du roi et premier évêque de l'Afrique noire des temps modernes. Certes, il y eut des missionnaires irréprochables et zélés. Dom Afonso en cite nommément quelques-uns dans ses lettres, en faisant leur éloge. Mais il reste que si, « véritable miracle » il y eut, comme l'écrit le Nonce de Lisbonne, c'est à la foi inébranlablement patiente et persévérante du roi du Kongo qu'on le doit principalement.

En fait, Dom Afonso avait très tôt compris que l'évangélisation de son royaume devrait être surtout l'œuvre des propres fils de ce pays. Une de ses préoccupations constantes était de faire prendre en charge par le roi du Portugal la formation, religieuse surtout, de jeunes nobles Kongo dans des couvents portugais. Il donna l'exemple en destinant son fils aîné, Dom Henrique, au sacerdoce. Il l'envoya en 1509, âgé de quatorze ans, à Lisbonne, afin, « de le faire préparer aux choses sacrées, et de le faire initier au culte divin et à l'enseignement de la foi chrétienne (...).

En souvenir d'un si grand bienfait, nous avons pensé en effet qu'à l'aube de notre conversion nous ne pourrions offrir à Dieu de meilleures prémices que celles d'une personne de notre sang. » (Ibid. : 67) Le jeune prince fut accueilli en 1510 au couvent des Chanoines augustiniens de Saint Eloi pour y faire des études prolongées, portant sur toutes les matières qu'on enseignait à l'époque.

Son assiduité et son progrès étaient tels que, deux ans plus tard, le roi portugais Dom Manuel 1er suggéra dans une lettre à son ambassadeur auprès de Dom Afonso, que Dom Henrique fasse partie d'une ambassade du roi du Kongo au Pape et qu'il fasse en latin le discours d'ambassade au pape.

Dom Manuel ajoute qu'il « suppliera » le pape d'octroyer à Dom Henrique « la prélature principale de son royaume », pour « qu'il commence la série des archevêques et évêques qu'il y aura dans le royaume Kongo. » (Ibid. : 45-46). La préparation de cette ambassade Kongo à Rome fut tellement longue entre Mbanza Kongo et Lisbonne que lorsque l'ambassadeur Dom Pedro arriva au Portugal avec la lettre d'obédience de Dom Afonso au pape Jules II, ce dernier était déjà décédé» (Bontinck, F., 1979: 159).

Le nouveau pape, Léon X, créa le 12 juin 1514 le diocèse de Funchal (Madère) qui engloberait toutes les « terres nouvelles » de l'Afrique soumises au padroado royal portugais, y compris le royaume du Kongo. Cela n'empêchait cependant pas le pape de nommer un évêque auxiliaire résident à Mbanza Kongo. Dom Manuel 1er s'employa à obtenir la nomination de Dom Henrique à ce poste. Mais le jeune prince n'avait que 23 ans (en 1518) et, depuis le Ve Concile de Latran (1512-17), il fallait avoir 30 ans pour être nommé évêque. Le pape était toutefois autorisé à accorder une dispense d'âge de trois ans. Léon X décida de passer outre et, au cours du consistoire du 5 mai 1518, il fit nommer Dom Henrique évêque titulaire d'Utique, située « in partibus infidelium », près de Carthage en Tunisie actuelle. Occupé par l'Islam, ce diocèse n'existait plus qu'en titre. Il fut cependant précisé que Dom Henrique ne pourrait recevoir l'ordination épiscopale qu'à l'âge de 26 ans accomplis.

2.3. Un évêque noir en contexte de traite des noirs au Royaume Kongo

C'est ainsi que Dom Henrique fut ordonné prêtre à Lisbonne en novembre 1520, soit dix ans après le début de sa formation. L'année suivante, il fut ordonné évêque et nommé évêque auxiliaire de Funchal (Madère) pour le Congo. Il revint alors enfin dans son pays, sans doute encore en 1521, accompagné de quatre Chanoines de Saint Eloi, désignés, conformément au désir du pape, pour l'assister comme théologiens et canonistes.

Comme on peut l'imaginer, l'homme le plus heureux du royaume, ce fut son père, le roi Dom Afonso, qui voyait dans l'ordination épiscopale de son fils aîné une récompense divine pour sa foi profonde et sa persévérance dans les épreuves suscitées par les prêtres portugais au Kongo à l'instar des marchands et autres fonctionnaires. Mais le jeune évêque Kongo était revenu en fort mauvaise santé. En plus, le manque de prêtres et l'insécurité grandissante à l'intérieur du pays durent tempérer son zèle apostolique.

Une lettre de Dom Afonso au roi du Portugal, Dom Joâo III, datée du 18 mars 1526, fait état des soucis paternels du Roi Kongo : « Seigneur, à plusieurs reprises, notre fils l'évêque nous a demandé de le laisser aller visiter ce royaume avec les quatre prêtres qui l'accompagnent. Ils ne suffisent pas pour célébrer une messe ; combien plus dans un si grand royaume. Nous ne voulons pas le laisser partir, car le royaume est si grand que pour le visiter entièrement il faudrait beaucoup plus de prêtres qui l'aident et l'accompagnent.

De plus, s'il s'éloigne de nous, nous craignons qu'on ne l'empoisonne. Cela nous causerait une très vive douleur et affliction à laquelle nous ne survivrions guère, car nous avons une très grande affection pour ce fils et, grâce à lui, nous-mêmes et notre royaume recevons beaucoup de consolation. C'est pourquoi nous ne le laissons pas partir et nous le retenons ici de force.

Et pourtant, il le souhaite ardemment et nous l'a déjà demandé à plusieurs reprises. Pour ces raisons, Seigneur, nous espérons que vous nous accorderez tout ce que nous demandons dans cette lettre et nous porterez secours en tout » (Jadin, L. et Dicorato, M., 1974: 151 Cité par Bontinck, F., 1980: 398).

Ces prêtres que le roi sage chrétien demandait, le petit Portugal n'en avait évidemment pas. Dom Afonso insista : il fallait ordonner évêques deux de ses neveux et des prêtres congolais. Il ne fut pas entendu. A partir de 1526, l'état de santé de Dom Henrique n'arrêta plus d'empirer.

Le 18 octobre, Dom Afonso demanda au roi du Portugal de lui envoyer deux médecins, deux pharmaciens et un chirurgien… En même temps, Dom Afonso s'efforçait d'obtenir, par l'entremise de Joâo III, la création du diocèse du Kongo.

Il fut à deux doigts d'y parvenir : en fin 1530, Dom Henrique était invité à se rendre à Rome en vue d'arranger cette affaire avec le pape Clément VII. Mais c'était trop tard : Dom Henrique était mourant, et peut-être déjà mort, fin 1530. Son corps fut enterré dans l'église cathédrale de Mbanza Kongo, dédiée au Saint Sauveur, Sâo Salvador (Bontinck, F., 1979 : 166-167).

Ce fut un coup dur pour le vieux roi Afonso, lui-même déjà souvent malade et obligé d'assister impuissant à la dégradation morale de son royaume sous les coups portés par le commerce portugais et la traite esclavagiste.

CHAPITRE IV. PROTESTANTISME, KIMBANGUISME ET CATHOLICISME FACE AUX POUVOIRS EN REPUBLIQUE DEMOCRATIQUE DU CONGO

1. LE PROTESTANTISME PLURIEL

A titre d'introduction, il y a le fait qu'en République démocratique du Congo, les Églises évangéliques sont appelées « Églises de réveil ». Ceux qui les critiquent pour des dérives de pouvoirs et des détournements des biens les appellent « Eglise de réveil des démons ».

Elles se sont développées après l'indépendance, en 1960. *« C'est après 1980, sous la dictature de Mobutu, que s'est produite la déferlante avec la poussée des évangéliques américains. Ils ont été accueillis par l'Église protestante avec l'appui du régime de Mobutu pour contrer l'influence des catholiques trop critiques sur la gouvernance du pays »,* résume Crispin Nlanda, président du Conseil de l'apostolat des laïcs catholiques du Congo.

La République démocratique du Congo compterait officiellement près de 20.000 Églises de réveil, dont plus de 5000 se trouveraient dans la capitale Kinshasa. Sur ces 20.000 Églises, 6 900 s'étaient affiliées en 2003 à l'Église du réveil du Congo (ERC)

Tous mouvements confondus, les Églises du réveil revendiquent au moins des centaines de milliers de fidèles – dont des responsables politiques de tous bords – sur les 70 millions de Congolais, chrétiens à environ 85 %. Ils prient pour des *« actions du Saint-Esprit »,* telles que des guérisons miracles, des exorcismes salvateurs ou une meilleure situation professionnelle, familiale, amoureuse ou tout simplement pour se protéger des mauvais sorts jetés par les sorciers de la famille ou les voisins. Des actions qui s'avèrent souvent comme des véritables mises en scène ou d'escroqueries.

Plusieurs cas du dévoiement des pasteurs défraient la chronique. Plusieurs pasteurs se retrouvent souvent dans les prisons centrales pour détournement des fonds d'autrui ou encore pour détention d'armes de guerre. Un exemple que je reprends de l'article de Fatimata dans la croix.

Après avoir délaissé l'Église catholique, Bijou, 38 ans, a voulu *« tester »* une Église du réveil. À sa grande surprise, elle a constaté que *« la prédication du pasteur touche à la vie, il ne fait pas seulement allusion à la Bible. Tu peux prier comme tu veux, remercier Dieu, demander le pardon de tes péchés… Chez les catholiques, je me disais : pourquoi faut-il se confesser devant un prêtre, alors qu'eux aussi commettent des fautes ? »*

Cependant, la jeune femme dénonce des dérives chez les Églises du réveil. Elle évoque des *« prophéties »* douteuses et une demande incessante d'offrandes dans un pays où deux tiers de la population luttent pour survivre. Ces critiques, le révérend Yoka les balaie d'un revers de main. « *Nous accueillons des riches, des prostituées, des fumeurs de chanvre, des chômeurs… Ces gens ont eu confiance en nous, ils ont travaillé dans la prière, et quand ils ont été bénis, ils nous ont apporté leur soutien.* »[24]

1.1. L'évolution de la pensée missionnaire protestante au XVIIème siècle en Europe

Lorsque les protestants pénètrent en Afrique, il y a la mutation de la pensée missionnaire, notamment protestante. Le piétisme, en particulier, a joué un rôle fondamental dans le développement des missions protestantes. Le luthéranisme était resté particulièrement fermé à toute idée de mission. De rares luthériens avaient cherché à propager l'Évangile en dehors de l'Europe.

Parmi eux, on peut citer Wilhelm Johann Müller sur la Côte de l'Or, déjà mentionné ; Peter Heyling (1607-1652) en Éthiopie ; c'est un juriste de Lübeck, ami de Grotius; ou encore l'envoi du pasteur Dannenfeldt en Gambie en 1654 par le duc Jacob de Kurland, oncle de l'électeur de Brandebourg.

Quelques théologiens, souvent proches des spiritualistes, ont appelé à la conversion des païens : Balthasar Meisner (1587-1626) à Wittenberg, Georg Calixt (1586-1656) à Helmstedt, Ludwig Dunte (1597-1639) à Erfurt, l'aristocrate autrichien Justinian von Welz (1621-1668).

Mais le courant largement dominant, exprimé dans les Loci theologici (1610-1622) de Johann Gerhard, considère que la tâche d'évangélisation était propre aux apôtres et que l'Église actuelle doit simplement administrer les sacrements et proclamer l'Évangile en son sein. Le piétisme, en ses débuts, n'introduit qu'une différence mineure : Spener (1635-1705), en

---

[24]Eléments tirés de l'article de Fatimata Burki, « Dans la RDCongo, des centaines de milliers des fidèles évangéliques », voir site *https://www.la-croix.com/Religion/Actualite/Dans-la-RD-Congo-des-centaines-de-milliers-de-fideles-evangeliques-2015-05-06-1309834*. Consulté le 19 aout 2020.

effet, pense que le commandement missionnaire n'est pas abrogé car, en beaucoup d'endroits, il ne reste plus rien de la prédication apostolique ; mais il avoue ne pas savoir comment le mettre en œuvre.

Christian Gerber (1660-1731), en 1690, insiste également sur le devoir missionnaire et propose un impôt pour le financer. À Halle, Francke (1663-1727) est également sensible à ce devoir. En Hesse, Conrad Mel (1666-1733) présente un plan missionnaire précis en 1701 dans son Schauburg der Evangelischen Gesandschaft. Au départ, sur la question missionnaire, le piétisme ne se distingue du luthéranisme orthodoxe que par sa spéculation théologique et sa rhétorique. Il n'y a en effet, concrètement, aucune mission piétiste avant 1706.

Il faut une volonté politique, du roi du Danemark, pour inscrire les proclamations de principe dans les faits. Mais, sur le plan de la pensée, des ruptures décisives se sont produites. Tout d'abord, l'idée que le commandement missionnaire ne s'est pas arrêté aux temps apostoliques. Les piétistes ne se considèrent pas comme des pasteurs chargés de s'occuper exclusivement de leur église, ce sont des apôtres. Chrétiens régénérés, ils annoncent le Christ crucifié et rédempteur.

L'enseignement traditionnel sur l'expansion mondiale du christianisme aux temps apostoliques, sur la non-transmission du ministère des apôtres, sur la malédiction des païens actuels, finit par être violemment combattu par Bartholomée Ziegenbalg qui récuse les idées que la grâce de Dieu n'agit plus autant qu'auparavant et que Dieu aurait pu, s'il l'avait voulu, convertir les païens sans aucune force humaine. Avec le piétisme apparaît une vision plus personnelle, plus volontaire du christianisme qui prend une dimension intérieure marquée. La réforme doit émaner de dévots et non des injonctions de l'Église, d'où la méfiance des piétistes envers l'Église institutionnelle comme envers l'État confessionnel. D'autre part, l'accent mis sur la décision personnelle du chrétien rompt le lien entre Église et État. Tous les habitants d'un territoire ne sont pas forcément de vrais chrétiens. Le travail missionnaire ne peut donc pas être abandonné aux gouvernements coloniaux, même s'il a fallu faire des compromis en se mettant sous l'autorité des États ou des sociétés commerciales.

Mais, et c'est une caractéristique des missions piétistes, l'évangélisation ne tient pas compte des frontières et même les territoires qui ne sont pas sous la domination de puissances luthériennes peuvent être parcourus par les missionnaires. Le caractère très personnel du christianisme piétiste, l'acceptation de la souffrance, voire du martyre, à la suite du Christ, permettent d'envisager l'envoi d'un petit groupe de personnes intéressées par la tâche missionnaires, un peu l'équivalent des religieux de l'Église catholique – ce qui comble une lacune de l'ecclésiologie réformée. Il faut toutefois distinguer entre les diverses formes de piétisme[25]

1.2. Le protestantisme congolais et la mutation

Qu'en est-il de la République démocratique du Congo ? Le pluralisme religieux s'étant imposé, le catholicisme n'était plus

---

25 La théologie de mission des réformateurs du XVIe siècle réside dans le fait que les missiologues se servent de différents thèmes pour élaborer leurs théologies de la mission, car comme l'a si bien démontré David Bosch dans son *opus magnum*, il n'y a pas qu'une seule théologie de mission. Par exemple, Donald McGavran est parti de la nécessité de la croissance de l'église. Arthur Glasser s'est servi du thème de royaume de Dieu. Lesslie Newbigin et les autres ont choisi le thème de Dieu trinitaire. David Bosch a articulé sa théologie de la mission à partir de l'évolution de la pensée missiologique. Christopher Wright part du fait que la Bible est le grand récit de la mission de Dieu. D'autres ont articulé leurs théologies de mission en se servant du thème de peuple missionnaire, mais spécifiquement en rapport avec l'église locale, avec le peuple de Dieu, et avec l'église locale en mission locale. Pendant que les Pentecôtistes insistent sur la personne et l'œuvre du Saint-Esprit, les frères Mennonites sont connus pour leur intérêt à la paix. John H. Yoder, un mennonite, s'est du moins servi du thème de la compréhension qu'ont les croyants au niveau de l'église locale sur la mission. C'est cette diversité d'approches qui a certainement poussé Andrew Kirk à définir la théologie de mission comme étant une étude disciplinée ayant trait aux questions auxquelles est confronté le peuple de Dieu dans l'accomplissement de la mission de Dieu. La théologie de mission a ainsi la fonction de tracer une direction aux actions de l'église dans sa mission. Elle est la justification biblique et théologique de l'œuvre missionnaire de l'église, mettant en évidence pourquoi et comment l'église aujourd'hui devait résolument s'y engager. Cette théologie est cependant articulée sous plusieurs perspectives.

l'unique religion dominante. Cette réalité de XVIIième et XVIIIième siècles s'est malheureusement poursuivie aux XIX et XXème siècles, voire jusqu'à ce jour.

Pendant les quatre siècles qui ont suivi la réforme protestante du XVIème siècle, plusieurs théologies modernes se sont développées : théologie de l'alliance, théologie luthérienne, théologie réformée, théologie libérale, et théologie néo-orthodoxe.

Non seulement que ces théologies se sont contredites entre elles, mais elles ont souvent étouffé l'engagement missionnaire de l'église selon la Grande Commission de Matthieu 28.19, celle d'aller faire de toutes les nations des disciples du Christ. Le corpus théologique fut élaboré par le professeur de théologie, Frederick Schleiermacher, durant cette période.

En 1811, il codifia les études théologiques en quatre branches ou départements, à savoir théologie biblique (étude de la révélation), théologie systématique (étude de la vérité), théologie historique (étude historique) et théologie pratique (étude pratique).

Comme David Bosch le remarque, la théologie fut ainsi considérée comme une étude académique menée avec une rigueur scientifique éprouvée. Aucune place n'était attribuée à l'étude ou à la pratique de la mission de l'église dans le monde (c'est-à-dire à travers les nations).

Durant environs quatre siècles, le ministère transculturel n'était pas vraiment à l'ordre du jour, ni de l'articulation théologique des institutions de formation, ni de l'action évangélique des églises protestantes. Dans la plupart de cas, les trois convictions suivantes ont caractérisé les églises de l'Europe pendant cette longue période et ont retardé l'engagement missionnaire de l'église: Les autorités de chaque nation étaient responsables de la situation religieuse de leur peuple.

Par exemple, si les autorités d'un pays invitaient une dénomination protestante à s'établir dans le pays, cette dénomination devait même occuper les bâtiments appartenant à l'Église Catholique ou construire des nouveaux bâtiments.

Cette dénomination protestante devait alors nommer des évêques (pour les Luthériens) ou des synodes (pour les Calvinistes) pour administrer ces églises. La nation devenait de facto protestante et ses habitants des protestants.

1.3. Le protestantisme congolais missionnaire et post-missionnaire[26]

Le protestantisme congolais peut ainsi être analysé en tenant compte de deux périodes qui l'ont marqué, à savoir la période missionnaire (1878-1970) et la période post-missionnaire (1970-2017).

Le protestantisme au Congo de 1878 à 1970

Le courant protestant est arrivé en République démocratique du Congo 361 ans après la réforme. Soit quatre siècles se sont écoulés avant que l'évangile décliné en protestantisme ne soit véritablement proclamé dans ce pays.

Historiquement parlant, l'évangile n'y est pas parvenu à travers le feu de la réforme. L'évangile n'y est pas parvenu par des gens qui auraient fait de grandes études théologiques (parce que les mieux formés parmi les missionnaires étaient plutôt envoyés en Asie).

L'évangile n'y est pas parvenu par des ressortissants des pays qui ont servi de berceau à la réforme protestante (parce qu'aucune de plus de 50 sociétés missionnaires qui se sont implantées au Congo n'était d'origine allemande, suisse ou écossaise).

L'évangile est parvenu au Congo par l'entremise des gens qui étaient plus affectés par le mouvement de réveil spirituel et missionnaire qui a sévi dans les milieux anglo-saxon et scandinave. La plupart des missionnaires qui sont arrivés au Congo, qu'ils soient ceux de missions dénominationnelles (Baptistes, Méthodistes, Presbytériennes) ou

---

[26] Fohle Lygunda li-M, « De la Réforme protestante au protestantisme congolais : perspectives d'une évaluation missiologique, in *Actes des conférences sur les 500 ans de la Réforme protestante* organisées par l'Université Shalom de Bunia du 29 au 31 octobre 2017, pp.131-151.

interdénominationnelles (*Livingstone Inland Mission*, *Africa Inland Mission, Disciples, Heart of Africa Mission*) étaient soit des laïcs ayant rapidement fréquenté les écoles bibliques pour besoin de la cause, soit des laïcs qui désiraient mettre leur expertise professionnelle au service de l'évangile. De 1878 à 1902, ces sociétés missionnaires ont travaillé en solo, chacune s'occupant de sa portion du territoire national.

A partir de 1902, au regard des difficultés qu'elles ont rencontrées sur le terrain, difficultés dues à l'hostilité de l'Église Catholique et aux réalités du ministère parmi un peuple animiste, pauvre et illettré, les missions protestantes avaient décidé de former le Conseil Protestant du Congo (CPC) en 1924. Les missions dénominationnelles, non-dénominationnelles et interdénominationnelles ont levé l'option de former un corps (CPC), de collaborer et de se réunir en conférences annuelles afin de s'entraider et de constituer une force.

Les questions doctrinales et celles liées à l'organisation de l'œuvre missionnaire faisaient partie des objectifs du cpc. Pour les missionnaires, il fallait « installer au Congo une église indigène en dehors de toutes les divisions et querelles dénominationnelles des sociétés de missions et des églises-mères. »

Dans l'une de leurs conférences tenue à Luebo en 1918, les missionnaires s'étaient encouragés de « veiller à ce que la jeune église qui se construisait au Congo ne soit pas nécessairement une copie conforme des églises d'outre-mer, mais une église où le Saint-Esprit dirige selon la volonté de Dieu. »

En 1947, ils avaient décidé d'adopter un document rédigé auparavant et intitulé « La Doctrine et Règlement Organique des Eglises Protestantes du Congo Belge ». Ils devaient également rédiger et adopter la « Déclaration de Foi de l'Eglise Protestante. »

Il sied de noter qu'en allant à la Conférence Internationale de Mission à Edinburg en 1910 qui a encouragé l'esprit d'unité aux sociétés missionnaires, les délégués du Congo s'en étaient déjà habitués depuis 1902 avec leur première conférence missionnaire tenue à Kinshasa. Le protestantisme Congolais était donc en avance.

Les missionnaires protestants dans leur majorité, ont maintenu cette unité jusqu'au moment où le leadership fut définitivement légué aux Congolais à partir de 1969 jusqu'à la naissance de l'Église du Christ au Zaïre en 1970.

Dans le cadre de la commémoration de 500 ans de la réforme protestante, il y a donc lieu de se demander si le protestantisme Congolais de l'époque missionnaire (1878-1970) fut vraiment l'émanation de la réforme de 1517 avec ses courants luthériens, calvinistes et anabaptistes. Quelle conception ce conglomérat de missions avait-il en rapport avec les cinq *solas* qui ont constitué le socle de la réforme protestante ?

S'agissait-il d'une photocopie ou plutôt d'une photosynthèse ? Au regard des réalités du christianisme mondial d'après Edinburg (1910), et surtout avec la naissance successive du Conseil Œcuménique en 1948 et de l'Alliance Evangélique déjà vers 1968, il est donc difficile de penser que le protestantisme Congolais de l'époque missionnaire aurait été une photocopie de la réforme protestante. La même observation pourrait aussi être valable pour le protestantisme Congolais de la période post-missionnaire.

Le protestantisme au Congo de 1970 à 2020

Le Règlement Intérieur de l'Église du Christ au Congo à sa naissance en 1970 stipule ce qui suit quant au but de cette église : Avec la fin de la mission institutionnelle au Zaïre (1970) la vraie mission de l'ECC commence. Cette mission est double: intérieure et extérieure.

Il est prévu que, par l'aide de Dieu, l'ECC enverra des missionnaires ou des évangélistes dans le monde. Ces futurs envoyés de Dieu seront préparés et prévenus d'avance afin d'éviter de détourner le but de la mission en créant une mission institutionnelle permanente, au lieu d'aller annoncer la Bonne Nouvelle de la Parole de Dieu, d'édifier et répandre l'Église de Dieu sur la terre.

Dans la Constitution de 2004, il est stipulé que l'Église du Christ au Congo poursuit une triple mission : 1. Mission évangélique intérieure et extérieure : celle de répondre à l'ordre donnée par le Seigneur Jésus-Christ lui-même et d'y obéir (Mt 28.19-20). 2. Mission éducative : Celle d'assurer l'édification du peuple de Dieu par une éducation chrétienne et la croissance de l'Église... 3. Mission diaconale : celle de rechercher le bien-être matériel de l'homme par la réalisation des œuvres religieuses et philanthropiques.

Quant à l'espace du travail de l'ECC, la même constitution (2004, art. 4 : Rayon d'activités) stipule que « L'ECC exerce ses activités sur toute l'étendue de la République démocratique du Congo. Elle peut les étendre dans d'autres pays. » C'est curieux de noter comment la Constitution de 2014 commence à éviter l'expression « mission intérieure et extérieure » contenue dans toutes les versions précédentes.

L'article 4 dispose de ce qui suit concernant l'objet social de l'Église du Christ au Congo : L'Église du Christ au Congo poursuit une triple mission : 1. Mission évangélique: celle de répondre à l'ordre donnée par le Seigneur Jésus-Christ lui-même et d'y obéir (Mt 28.19-20). 2. Mission éducative: Celle d'assurer l'édification du peuple de Dieu par une éducation chrétienne et la croissance de l'Église par le témoignage de notre foi et de notre unité au Congo et dans le monde. 3. Mission diaconale: celle de rechercher le bien-être matériel de l'homme par la réalisation des œuvres religieuses et philanthropiques. Quant à l'article 5, une clarification est faite: « L'ECC exerce ses activités sur toute l'étendue de la République démocratique du Congo. Elle peut les étendre dans d'autres pays ».

C'est intéressant de noter l'expression « Elle peut les étendre dans d'autres pays » et non « elle doit les étendre dans d'autres pays ». La mission extérieure n'est donc plus un ordre mais plutôt une possibilité.

Faisant référence à la naissance de l'Église du Christ au Congo, son premier président et représentant légal, pasteur Bokeleale, publia un article dans une revue internationale de missions, *International Review of Missions* (1973). Grosse modo il estimait que le changement de mentalité révélé dans ce changement de nom caractérise également la pensée de l'Eglise du Christ au Zaïre.

Depuis 1969, les missions ont cessé d'exister au Zaïre. Lors de l'Assemblée générale de l'ancien Conseil Protestant du Congo, les responsables ecclésiastiques zaïrois ont décidé qu'après près d'un siècle d'activité missionnaire dans leur pays, la mission institutionnelle n'avait plus raison d'exister, et l'église au Zaïre devait assumer ses responsabilités pour la véritable mission de l'église, celle d'évangéliser le peuple zaïrois.

Sur base de ce qui précède, on est en droit de soumettre que le protestantisme congolais post-missionnaire, bien qu'en s'identifiant au protestantisme issu de la réforme protestante en général, n'est pas nécessairement l'émanation directe de ce protestantisme-là. Toutefois, à l'instar du protestantisme de la réforme qui n'était pas actif à l'engagement missionnaire transculturel en dehors des frontières, le protestantisme congolais semblerait suivre les mêmes traces.

De plus en plus, les documents et déclarations officiels de l'Église du Christ au Congo donnent la possibilité de croire que la mission de cette église se rétrécirait davantage. La mission devient une activité à exercer plus au niveau local qu'au-delà des frontières.

2. LE KIMBANGUISME

Qui était Simon Kimbangu ? Cet homme sorti de l'ombre en avril 1921 au Bas-Congo et qui mis le feu aux poudres dans la colonie belge. Un illuminé ? Un thaumaturge ?un prophète ou envoyé de Dieu ?

Quoi qu'il en soit l'imaginaire collectif fut ébranlé et la colonie se sentie menacée d'implosion. L'arrestation de Kimbangu et son incarcération à Elisabethville de 1921 jusqu'à sa mort en 1951, ont permis de faire de Simon Kimbangu un prophète et son fils, Diangienda, pu en 1959, constituer une église indépendante.

Avec l'institutionnalisation du kimbanguisme en Église entre 1957-1959, la dimension politico-religieuse contestatrice de l'ordre établi du prophétisme initial disparaît dans une large mesure. L'apolitisme traversera désormais les déclarations de principe kimbanguistes.

Cet apolitisme s'accommode d'une certaine reconnaissance des pouvoirs politiques du Zaïre puis du Congo.

Dans le texte d'Anne Mélice qui s'est spécialisée sur la question, elle démontre que derrière l'apparente soumission à l'État et à ses dirigeants, d'autres positions, plus ambivalentes, relevant de l'imaginaire kimbanguiste, sont apparues, dévoilant la complexité des rapports de l'Eglise de Jésus Christ par Simon Kimbangu à la sphère politique[27].

Pour cerner cette complexité, la vision théologico-politique qui accompagne l'apolitisme kimbanguiste, ainsi que sa portée seront analysées. Cette perspective subordonne le pouvoir politique au pouvoir théologique et s'appuie ultimement sur la loi divine.

Le contenu doctrinal du kimbanguisme que révèle la théologie kimbanguiste actuelle, présente des traits qui se resserrent autour du millénarisme et s'inscrit dans un horizon théologico-politique. Ainsi, nous montrerons qu'une tension habite le kimbanguisme. Si les Kimbanguistes prennent activement part à la vie politique, s'ils se présentent aux élections et le font sur les listes de partis différents, il demeure en effet que leur doctrine reste dominée par la perspective persistante d'un ordre théologico-politique sans mesure avec la réalité politique congolaise.

Dans un ouvrage de 2007, l'anthropologue Maurice Godelier a souligné « l'union, voire la fusion » du politique et du religieux qu'on pouvait observer dans certains contextes. Le caractère fondamental des religions consiste, selon lui, à offrir « un fondement cosmique à un ordre social » (Godelier 2007 : 207).

Les croyances, les rites, les statuts sociaux conférés à certains individus ou à certains groupes par la religion font jouer à celle-ci un rôle social qui trouve son expression culminante

---

[27] Anne Melice, « Le kimbanguisme et le pouvoir en RDC entre apolitisme et conception théologico-politique » in *Civilisation : Revue internationale d'anthropologie et des sciences humaines*, 58-2, 2009, pp. 59-76.

lorsque le politique et le religieux fusionnent en une seule personne, considérée comme « un dieu vivant parmi les hommes ».

Or, chez les Kimbanguistes aujourd'hui, selon la spécialiste Melice, il est abondamment question d'un « Gouvernement de Dieu » à venir, dans lequel Kimbangu, divinisé, jouerait un rôle clef. Sur le fond intangible d'un apolitisme de principe, l'Église Kimbanguiste adopte successivement vis-à-vis des pouvoirs politiques des rapports divers : de contiguïté au pouvoir mobutiste, de défiance à l'égard du processus de démocratisation, de respect à l'égard d'un président démocratiquement élu en 2011. Enfin, à l'égard du processus électoral, l'Église témoigne une attitude ambiguë selon Melice.

La réalisation de la cité sainte de Nkamba constitue une expression sensible du projet théologico-politique. A côté des dimensions d'ordre imaginaire et symbolique, au sens de Godelier, Melice s'interroge sur l'inscription du kimbanguisme dans le réel politique.

2.1. De l'apolitisme de l'Eglise de Jésus Christ par son prophète Simon Kimbangu (EJCSK)

L'apolitisme constitue un caractère essentiel de la doctrine kimbanguiste. Mais à titre individuel, les Kimbanguistes adhèrent à des partis politiques. C'est là une constante qui se traduira encore lors des élections de 2018. C'est dès 1957 que l'apolitisme du kimbanguisme est déclaré, dans « Mise au point sur le kimbanguisme ».

Le kimbanguisme aurait une aversion de l'apparence politique qui lui a valu d'être réprimé. Son apolitisme répond à une exigence de l'administration coloniale belge et conditionne la reconnaissance du mouvement par cette dernière. Dans le texte de la première Constitution de l'EJCSK, on peut lire : « L'E.J.C.S.K. se garde de toute tendance à caractère politique incompatible avec le rôle exclusivement spirituel qu'elle entend jouer au sein de l'humanité ».

A l'Indépendance, le souci de l'apolitisme ira en se confirmant. Dans les statuts de l'EJCSK du 5 mars 1960 (art.9,

II, a), il est exigé des adeptes « de respecter les autorités (Épître de Paul aux Romains, 13 : 1-3). Que toute personne soit soumise aux autorités, car il n'y a pas d'autorité qui ne vienne de Dieu ».

L'apolitisme kimbanguiste semble s'accommoder d'un fondement théologico-politique de l'État. En 1962, le cadet de Kimbangu, Diangenda, chef spirituel de l'EJCSK de 1958 à 1992, attache l'EJCSK au principe, énoncé par le Christ : « Rendez à César ce qui est à César, et à Dieu ce qui est à Dieu ».

De la sorte, il réitère « la démarcation entre le pouvoir spirituel et le pouvoir temporel ». Il contraint en outre les fidèles à « remplir toutes leurs obligations civiques ainsi que l'imposent les lois en vigueur dans les pays où ils ont élu domicile ». Mais, à nouveau, ce partage reste pris dans un horizon théologique.

Diangienda précise en effet que l'EJCSK s'oppose « à toute idéologie, doctrine, ou théorie politique ou économique et sociale qui nie l'existence à Dieu » ou qui « tend à expliquer l'évolution historique du monde en écartant l'intervention divine », et il interdit aux idèles kimbanguistes d'adhérer à ce type d'idéologie ou de doctrine.

Simplifiée à l'extrême, l'idéologie politique kimbanguiste se condense autour de plusieurs principes : le fondement théologico-politique du pouvoir, le rejet de l'athéisme, du marxisme et du darwinisme, l'apolitisme et la non-violence.

Toutefois, « la théologie kimbanguiste ne s'oppose pas à ce que les membres de l'Église, en leur qualité de citoyens, adhèrent à des partis politiques ou exercent des fonctions politiques ». Les Kimbanguistes attestent que jamais il ne leur fut imposé d'adhérer à un parti déterminé, ni interdit de manifester des préférences et des sensibilités politiques diverses.

2.2. L'EJCSK sous la deuxième République ou régime de Mobutu

Sous Mobutu, le Kimbanguisme se rangera en contiguïté voir sera de connivence avec le pouvoir politique. Il n'est cependant pas niable que de nombreux Kimbanguistes, dont des dignitaires, ont rejoint les rangs de l'opposition politique au régime sans qu'il leur en soit fait reproche de la part des dirigeants kimbanguistes.

En décembre 1971, Mobutu ne reconnaît plus que les seules Églises catholique, protestante et kimbanguiste (EJCSK) et fait dissoudre, puis interdire en 1972, les sectes ou Eglises de réveils. L'interdiction des sectes dissidentes des Eglises dont certaines sont kimbanguistes par Mobutu a permis à l'EJCSK de se renforcer institutionnellement et à Mobutu d'asseoir l'allégeance de l'EJCSK au MPR.

Pour obtenir cette reconnaissance par l'État, il a fallu, selon que l'EJCSK se plie aux exigences de l'État zaïrois, qui à travers le parti unique avait inféodé toutes les institutions sociales. Un kimbanguisme officiel devint même « pro-mobutiste». L'EJCSK naissante obéissait ainsi à la contrainte d'adapter le contenu idéologique du kimbanguisme à l'idéologie dominante de l'État, pour s'assurer la bienveillance des pouvoirs publics.

Une étude de Droogers cité par Melice avait essayé, en 1980, de tracer une série de parallélismes entre Mobutu et Diangienda, entre l'État et l'Église kimbanguiste. Pour sa part, Asch a conclu que l'EJCSK a participé « activement à la diffusion des mots d'ordre mobutistes à l'instar des mots comme le salongo, servir et ne pas se servir, à l'endoctrinement de ses adeptes et à la réalisation de la politique nationale. Le kimbanguisme officiel sous Mobutu devint un support de l'idéologie de l'État, et un porte-parole du mobutisme ». Cette conclusion semble excessive pour Melice, mais en mon sens elle est vraie car, toute manifestation, toute action publique d'aparat voire même les couleurs des danseuses publiques arborèrent aussi la couleur verte Kimbanguiste pour scellé une sorte de pacte symbolique entre le pouvoir et l'Eglise Kimbanguiste.

Lucien Luntadila, le secrétaire général de l'Église, fut une personne clé et de jonction aussi bien pour son Eglise que pour sa cohésion et confusion au MPR. Toutefois, on trouve parmi les Kimbanguistes une frange importante de Lumumbistes et de Tshisekedistes qui furent hostiles à Mobutu au prix, parfois, de l'exil.

De même, E. Bena-Silu, le chef de Cabinet (depuis 1970) des chefs spirituels kimbanguistes était très proche d'un certain milieu politique kongo opposé au MPR. C'est depuis les années 1990, qu'en dépit des déclarations de principe supra ethniques et universalistes de l'EJCSK, qu'une part non négligeable, bien que quantitativement incernable, d'ethno-nationalistes kongo sont présents au sein de l'Église.

Ceux-ci aspirent à la restauration de l'ancien royaume de kongo, mais davantage sous la forme atténuée d'un renforcement du lien politique entre les trois pays de l'aire kongo : les deux Congo et l'Angola.

Le kimbanguisme et battu loin en popularité par Bundu Dia Kongo sur cette question, certains ethno nationalistes kimbanguistes s'inspirent de certaines idées forces du Bundu Dia Kongo ou terre du peuple Kongo, lesquelles supportent ses thèses confédéralistes.

Ce phénomène, sans doute déjà présent sous le mobutisme, s'était amplifié avec le phénomène de démocratisation de l'espace politique en 1990, à la faveur de la transition politique. Le décès de Diangienda et des forces centrifuges que ce décès suscita vont alors fragiliser la cohésion relative préexistente.

Certes il y avait déjà sous le mobutisme une pluralité de préférences politiques parmi les fidèles kimbanguistes, ce phénomène sera amplifié par la proclamation de la démocratisation. Cette pluralité de sensibilités politiques constitue probablement l'un des motifs du refus de l'EJCSK de devenir la religion officielle de l'État zaïrois comme ce dernier le lui a proposé dans la seconde moitié des années soixante.

Face l'ordre démocratique la politique de Dieu n'est pas la démocratie. Pour le kimbanguiste le seul roi souverain et éternel, c'est Dieu. Une déclaration qu'aurait faite Diangienda sur la troisième République était que « Nous suivions le rythme trinitaire : Dieu le Père, le Fils et le Saint-Esprit. Nous attendons la troisième République qui sera celle du Saint-Esprit, du *Molimo Santu*. Ce sera sous la direction de Simon Kimbangu».

Le Kimbanguisme, considère « Tata » entendez « papa » Simon Kimbangu, comme le Consolateur promis par le Christ, grosso modo comme l'Esprit-saint. L'Église kimbanguiste insiste sur le fait que tant qu'on ne reconnaîtra pas Simon Kimbangu, rien ne marchera.

Au Congo-Kinshasa, Kimbangu est capable, par la personne du Christ, de guider les hommes politiques. C'est à l'Église kimbanguiste qu'il devrait revenir d'apporter la solution aux problèmes politiques : « Avant la Conférence nationale souveraine, Diangienda avait dit que ce serait inutile de perdre beaucoup de temps dans ce genre de rencontre politique, mais que la vraie solution proviendrait de la purification de nos cœurs.

En 1996, un fidèle kimbanguiste rapporte des propos tenus par Diangienda sur le pouvoir de transformation propre aux Kimbanguistes : « Diangienda a dit : « Vous Kimbanguistes, vous avez un rôle important à jouer dans cette histoire de l'humanité. En 1956, les prières de nos papas, de nos grands-pères, on a vu ce que ça a apporté pour le changement. Je pense que c'est le temps».

L'allusion à 1956, au « *bolingo ya 1956* », au « réveil de 1956 », à cet « âge d'or » du kimbanguisme sous sa forme communautaire. C'est l'époque de l'« action ouverte », laquelle a mené à la reconnaissance, en 1959, du kimbanguisme.

Cette allusion n'est pas sans suggérer que tout changement, y compris politique, puisse être déterminé par le kimbanguisme selon Melice. Ces quelques passages d'entretiens soulignent combien l'EJCSK a conçu et développé, particulièrement depuis les années 1990, un projet théocratique, en résonance avec la dimension millénariste qui lui est consubstantielle (cf. Mélice 2001).

L'hostilité à l'égard du processus de démocratisation du pays était assez généralisée au sein de l'EJCSK. Mais cette animosité n'a pas empêché que de nombreux Kimbanguistes adhèrent à divers partis et témoignent de sensibilités politiques divergentes.

Par son pluralisme déclaré, l'EJCSK a toujours autorisé ces engagements. Le décès de Diangienda survint en juillet 1992. Une foule de Kinois lancèrent sur son convoi funéraire des projectiles divers en proférant des injures telles que « hibou », « traître », etc. (Manny 1992 : 3), « magicien », « franc-maçon ». Le substantif « hibou » est le surnom qui fut donné par la population zaïroise aux Forces d'Intervention Spéciales zaïroises (FIS).

Cette référence aux FIS, aux « Hiboux », est elle-même supportée par la signification de sorcellerie qui lui est traditionnellement conférée. Diangienda faisait l'objet d'accusations de sorcellerie depuis longtemps. L'hostilité de la population à l'égard de Diangienda au moment de son décès a été accrue par le contexte historique.

À ce moment-là, se réunissait la CNS, qui fut l'occasion de contester le régime mobutiste et ses sbires. Ce fut l'époque de ce qu'on a baptisé le « déballage ». Ce déballage se fit au sein d'abord du parti unique et toucha même la personne du président. Des thuriféraires d'hier se convertirent en opposants farouche au régime.

La méfiance que la population ressentait à l'égard des Kimbanguistes avait été accentuée, estime-t-on, par leur refus de participer à la marche pacifique (dite la « marche de l'espoir ») que les Chrétiens organisèrent, le 16 février 1992 pour protester contre la suspension de la CNS. Plusieurs congolais y perdirent la vie. Le 12 juillet 1992, le Président Mobutu vint se recueillir devant la dépouille de Diangienda. Dans son discours, il invoqua un événement qui se serait produit en 1958 : Diangienda l'aurait béni et l'aurait, par anticipation, investi de son pouvoir à venir.

Cette bénédiction de Mobutu a longtemps assis, aux yeux de nombreux Kimbanguistes, la légitimité de son pouvoir, qui, du coup, leur semblait émaner de Dieu. Le discours de Mobutu avait renforcé sa position face aux kimbanguiste et sentiment d'une proximité excessive entre les deux hommes.

Mais cela fut aussi compris comme un essai de récupération politique du décès de Diangienda. Mobutu, dont le pouvoir était déjà contesté, tentait ainsi une démarche de redorer son image et de réaffirmer sa légitimité en invoquant une référence religieuse prophétique.

2.3. L'EJCSK et rapport avec les présidents Kabila père et fils

Allié de taille de Kimbanguistes, L.D. Kabila se fit néanmoins plus discret que son prédécesseur et surtout son successeur dans ses rapports avec l'EJCSK, comme l'atteste un Kimbanguiste : « Kabila père n'avait pas tellement de relations avec l'EJCSK car, à aucun instant, il n'a visité l'Église ni son chef ; bref, il ne s'intéressait pas du tout à l'EJCSK ». En fait, ce témoin oublie que sa relation avec les kimbanguistes l'était plus par personne interposée de sa sphère politique.

Dans son discours d'investiture au Palais du Peuple, le 28 janvier 2001, Joseph Kabila, pour sa part, réitéra les propos de son père sur le nationalisme et le patriotisme de Kimbangu. Dans un message adressé à l'Église en 2006, Joseph Kabila déclara : « L'Église kimbanguiste, c'est notre Église patriotique parce que son fondateur est le premier de nos patriotes ».

Davantage que son père, Joseph Kabila s'est montré sensible à l'importance politique de l'Église. Il a rendu des visites officielles multiples aux chefs spirituels Salomon Dialungana puis Simon Kimbangu Kiangani et les a reçus en audience. Le 17 mai 2001, date anniversaire de l'arrivée de L.D. Kabila à Kinshasa, c'est au centre d'accueil kimbanguiste de Kinshasa que s'est tenue une cérémonie politique « organisée par l'État et à laquelle Joseph Kabila et son gouvernement avaient pris part.

A l'occasion de cette cérémonie, Joseph Kabila avait libéralisé les activités des partis politiques et parlé de démocratie en RDC ». Cet événement fut l'occasion de conforter la conviction kimbanguiste que la reconnaissance de Simon Kimbangu constituait le préalable obligé vers l'établissement d'une troisième République. Certaines langues ont même supputé que le président lui-même aurait adhérer à cette religion pour se rallier le peuple Kongo.

A Kinshasa, une trentaine de Kimbanguistes étaient candidats à la députation. Ils appartenaient à divers partis politiques ou se présentaient comme candidats indépendants.

A l'émission télévisée du 9 mai 2006, Likutu qui avait travaillé avec le régime du MPR, incitait les Kimbanguistes à « cesser de pratiquer la politique de la chaise vide ». Il mettait en évidence les impasses auxquelles peut conduire une certaine interprétation de l'apolitisme : « Les Kimbanguistes se plaignent de ne pas avoir de représentants au pouvoir, alors que les Kimbanguistes refusent de s'impliquer dans la politique.

Dans le contexte électoral, les marques de respect qu'échangent le chef de l'Église et le chef de l'État ne sont évidemment pas exemptes de stratégie : « Kabila est très attentif à Simon Kimbangu Kiangani, le chef spirituel, surtout qu'il attend son soutien même tacite pour avoir les Kimbanguistes avec lui ». Le fait de citer la figure de Simon comme emblématique et charismatique pour l'auto prise en charge politique du congolais offre aux yeux de nombreux Congolais kimbanguistes, mais aussi non-kimbanguistes, la conviction que le prophète Simon Kimbangu, est vraiment parmi les héros nationaux.

En janvier 2006 paraissait sur le site web officiel du Président de la République, un article émanant du bureau de son porte-parole, intitulé « Le destin exceptionnel de Joseph Kabila ». Cet article se réclamait d'une prophétie de Simon Kimbangu et visait à conférer une dimension providentielle, particulièrement, celle de Joseph Kabila.

L'auteur de l'article, certainement Mukongo, Marcel Nzazi Mabidi, citait et commentait la prophétie de Kimbangu en ces termes : Ce qu'a prophétisé Simon Kimbangu. Avant son arrestation en 1921, Simon Kimbangu prophétisant sur l'avenir du Congo belge a dit : Le Congo sera indépendant un jour. Pendant 40 ans, le pays sera mis à feu et à sang et connaîtra d'énormes difficultés et souffrances de tous genres, puis viendra le bonheur. Le pays sera d'abord dirigé par un mouton. Cet homme sera originaire de la province où je suis né. Le pays sera ensuite dirigé par un fauve qui viendra écarter le mouton. Pendant le règne du fauve marqué par la terreur, le pays sera saccagé. Il manquera d'argent dans le pays. Même les banques seront vides. Viendra ensuite un homme, un météore, originaire de la province où je terminerai ma vie. Son règne sera très court. Son principal rôle sera de chasser le fauve du pouvoir.

Puis viendra quelqu'un, un jeune homme sage. C'est lui qui sauvera ce pays et apportera au peuple le bonheur, la vraie indépendance.

L'auteur de l'article ajoute immédiatement : « Et la prophétie de Kimbangu s'est réalisée ». Il traduit et explicite abondamment la signification de cette prophétie : l'Indépendance en 1960 ; le « mouton » : Kasa-Vubu ; le « fauve » : Mobutu ; le « météore » : L.D. Kabila et, enfin, le « jeune homme sage », à propos duquel l'auteur pose la question, sans doute rhétorique : « ne serait-il pas Joseph Kabila qui préside aux destinées de la RDC ? » (Nzazi Mabidi 2006).

Cette prophétie, Kimbangu l'aurait énoncée le 17 juin 1944 dans la prison d'Élisabethville devant l'un des rares visiteurs congolais autorisés à le rencontrer, Jean Kiansumba. Une des versions de la prophétie (version explicitement reprise de la version publiée dans *La Renaissance* et très probablement issue d'une Église de guérison, celle du prophète Ntau), vendue à la porte du centre d'accueil kimbanguiste de la commune de Kasavubu, décrit, en les résumant, les figures et les règnes des « quatre chefs d'État » prophétisés par Kimbangu : le premier chef d'État « sera un homme digne, modèle, exemplaire et responsable et qui finira empoisonné » ; le deuxième chef d'État « sera un grand voleur, destructeur, et détourneur des biens publics [...] ; le troisième chef d'État « ne fera pas longtemps au pouvoir. Sa mauvaise politique divisera le pays en plusieurs parties (ou foyers de tensions). [...] Lui aussi, comme le second, sera rejeté par le peuple et chassé du pouvoir » ; le quatrième chef d'État, sera un « homme très calme et discipliné [...] Pendant son règne, le Congo sera prospère. Il n'y aura plus d'esclavage » (voir Passi Mpiosso 1998).

Quant à l'attitude bienveillante dont témoigne, de son côté, le chef de l'Église kimbanguiste à l'égard de Joseph Kabila, elle est dictée par le principe kimbanguiste du respect des autorités en place et de l'obéissance à leur égard. Sur ce point, un kimbanguiste candidat aux élections livrait en ces termes ses impressions : « Quand plusieurs d'entre nous qui sommes candidats, sommes allés à Nkamba demander l'autorisation au chef de nous présenter comme députés aux élections, le chef a dit d'accord. Mais il a donné l'ordre qu'aucun Kimbanguiste ne se présente comme candidat au poste de Président. Tout le monde a compris que c'est parce qu'un candidat président, il en soutient déjà un, c'est Joseph Kabila. Le chef de l'Église favorise le chef de l'État. Il ne le dit pas ouvertement mais ça se sait. Cela va certainement influencer le vote des Kimbanguistes pour Kabila ».[28]

En juillet 2005, le chef aurait tenu les propos suivants à ses fidèles, rapportés par le journaliste kimbanguiste qui signe de ses initiales AMM : « La République démocratique du Congo a une lourde charge quant au patrimoine spirituel dont elle

[28] À côté de l'implication kimbanguiste dans le processus électoral, un discours peu favorable aux élections et à la démocratie en général se faisait également entendre, selon les résultat des recherches de Mélice, réactivant, en somme, le discours dominant durant les années 1990. Du 5 au 9 juin 2005, s'est tenu à Nkamba un « séminaire-atelier de concertation entre l'Église kimbanguiste et la Commission électorale indépendante » (Mambu-ma-Mwana 2005 : 5), au terme duquel l'EJCSK s'est engagée à contribuer, sur le plan national, au « programme de sensibilisation et d'éducation civique et électorale » et à mettre à la disposition de la Commission électorale indépendante (CEI) ses infrastructures. Lors de la cérémonie d'ouverture de ce séminaire, le chef de l'Église aurait souligné que « les élections qui seront bientôt organisées dans notre pays symboliseront la libération du peuple congolais comme l'avait prédit l'Envoyé Spécial du Christ, Papa Simon Kimbangu en 1921 » (Mambu-ma-Mwana 2005 : 5). Les propos du chef, parce qu'ils sont relatifs à la prophétie de Kimbangu analysée précédemment, comportent quelque équivoque et possèdent une allure millénariste.

regorge. Certes, il arrivera un moment où le monde cherchera où se trouve Dieu. En ce moment-là, la République Démocratique du Congo accueillera toutes les nations du monde ». Et, évoquant « la situation socio-économique et politique », il aurait ajouté : « Nous attendons l'Indépendance spirituelle. Nos Papas [les trois fils de Kimbangu] ont tout fait, nous n'attendons que l'accomplissement des promesses » (AMM, 1er août 2005 : 3).

Les réserves à l'égard des élections peuvent être illustrées par les propos suivants tenus par un vieux dignitaire kimbanguiste : Un chrétien, c'est un citoyen, c'est un électeur. Nous, on nous enseigne que nous devons respecter l'autorité. Elle nous dit de passer par les élections. [...] Maintenant, ce que va dicter l'Esprit dans tout ça, nul ne le sait ; puisque finalement, c'est Dieu qui dirige tout ça. La pensée des hommes n'est pas celle de Dieu. Des fois, les Kimbanguistes sont sceptiques dans cette affaire-là de démocratie électorale. Démocratie, ça peut exister, mais électorale, c'est autre chose, parce que ça cache beaucoup de choses... Tout ce que je peux vous dire, c'est que nous nous acheminons vers un moment où Dieu doit instaurer son règne. Ainsi que Simon Kimbangu l'avait prédit en 1921, à Mbanza Nsanda, avant qu'il ne se fasse arrêter : « Dans les temps qui viendront, il ne restera qu'un seul pouvoir, une seule langue, une seule Église, et c'est moi, Simon Kimbangu, qui le ferai marcher». Si nous entrons dans cette ère-là, de l'établissement de l'ordre divin, à quoi servira encore la démocratie ? Puisque Dieu est omniscient et omnipotent, qu'il connaît tout, avec qui va-t-il discuter ? Tout comme il peut permettre les élections, puisque c'est un Dieu compatissant. Il veut voir comment les hommes vont faire. Mais il sait comment ça va se terminer. (U, mai 2006, Kinshasa).

La tension entre deux formes de discours sur les élections est récurrente. Les deux exemples suivants en sont de bonnes illustrations. D'abord, un candidat à la députation a rappelé la prophétie de Diangienda selon laquelle « il n'y aura pas d'élections dans ce pays ». En fait, précisa-t-il, « nous les Kimbanguistes, nous attendons un homme providentiel. La fin du monde, c'est pour bientôt » (C, mai 2006, Kinshasa).

Ensuite, une émission kimbanguiste, « L'Église en marche » recevait fréquemment les candidats aux élections. Or, le directeur de la chaîne kimbanguiste, Mambu Mamwana, procéda, dans une allocution aux allures de prédication (lors de l'émission du 29 avril 2006), à une mise en garde contre « les politiciens qui veulent flatter l'Église kimbanguiste pour les élections. Il n'y a que Papa Simon Kimbangu qui mettra la paix. Tant qu'on ne reconnaîtra pas Simon Kimbangu, le monde ne sera pas en paix. Il faut d'abord reconnaître Simon Kimbangu comme Sauveur, comme Envoyé de Dieu ! ».

Le nouveau chef spirituel depuis 2001, Simon Kimbangu Kiangani, l'aîné des petits-fils de Kimbangu, est officiellement désigné comme la réincarnation de son grand-père et, du même coup, comme l'incarnation de l'Esprit Saint. On est en présence de ce que Godelier appelait « un dieu vivant parmi les hommes » (Godelier 2007 : 207).

Les Kimbanguistes partagent la conviction d'une eschatologie réalisée : la Jérusalem céleste serait déjà descendue dans leur ville sainte de Nkamba, mais elle resterait provisoirement invisible. Kimbangu, ses trois fils et sa réincarnation, Simon Kimbangu Kiangani, y régneraient déjà. La subtile dialectique de l'invisible et du visible qui fait l'efficace de l'imaginaire religieux du pentecôtisme (Corten et Mary 2000 : 17-21) vaut également, dans une large mesure, pour l'EJCSK.

Mais ces convergences ne doivent pas occulter les points de divergence majeurs. Ainsi la manière dont l'Esprit Saint se manifeste correspond de part et d'autre à « la topique de l'immanence » dont Corten constate la pertinence, au moins relative, pour les Églises pentecôtistes (Corten 2004). La convergence est loin d'être négligeable. Il reste cependant une différence considérable. C'est que cette immanence du religieux prend chez les Kimbanguistes une visibilité exceptionnelle. Le chef y est en effet identiié à l'Esprit Saint lui-même.

Cette incarnation consonne avec d'autres concrétisations, en particulier la réalisation, au sens propre, de la Jérusalem céleste dans la ville sainte de Nkamba. L'EJCSK présente les traits d'une religion de l'immanence, mais sur un mode spécifique qui est celui de l'incarnation de l'Esprit Saint, et plus généralement, de l'invisible. Et cet invisible incarné est sans accointance avec l'invisible « deuxième monde », avec les « forces invisibles » comme « forces occultes » (Corten et Mary 2000 : 19), puisqu'il est une pleine positivité axiologique.

2.4. Le statut politique de Nkamba

Depuis les années 1990, les Kimbanguistes nourrissent le projet que soit accordé à Nkamba, leur ville sainte située dans la Province du Kongo Central, un « statut international ». En 2006, ils ont introduit auprès du parlement congolais une demande de reconnaissance de la souveraineté territoriale de Nkamba lui conférant un statut particulier.

Le statut souhaité est celui d'un État autonome, forgé sur le modèle du Vatican. Un homme politique congolais de la mouvance présidentielle, qui était présent au Parlement quand la question y fut soulevée, explique son point de vue : prendre en compte une telle revendication équivaudrait à accepter « un démembrement du territoire national par renonciation à la souveraineté sur une partie de celui-ci ». Les parlementaires présents lors du débat auraient, dans leur ensemble, jugé qu'accorder à Nkamba quelque statut particulier que ce soit, risquait d'accentuer, dans la province du Kongo Central (ex-Bas-Congo), les revendications autonomistes qui l'a toujours caractérisée depuis les réclamations d'indépendance en 1959.

La crainte que soit atteinte l'unité territoriale et politique du Congo atteste du caractère politico-religieux des revendications relatives à Nkamba. La portée théologico-politique de Nkamba est d'ailleurs manifeste. Les Kimbanguistes considèrent cette ville comme ce qu'ils nomment souvent le centre ou le nombril du monde. Parler de nombril du monde, ce n'est pas seulement chercher à produire des effets métaphoriques. C'est viser à produire des « effets dans le réel » (Godelier 2007 ; Mélice 2007). C'est désigner le point vers lequel doivent téléologiquement converger toutes les nations. C'est aussi s'autoriser d'un projet hégémonique qui trouve son expression explicite dans une révélation attribuée à Kimbangu : « J'ai vaincu le monde et ses quatre coins m'ont été accordés par Dieu. À l'avenir, il n'y aura plus qu'une seule Église, une seule langue, un seul royaume et un seul roi, moi Simon Kimbangu ».

La dimension théologico-politique de ces propos attribués à Kimbangu par l'historiographie kimbanguiste est patente. Théologique, puisqu'il s'agit de renverser le mouvement qui a mené à la dispersion consécutive à l'érection de Babel. Politique, puisqu'il s'agit dans le même temps de penser la relation du kimbanguisme à l'humanité comme une relation d'enveloppement.

2. 5. La rupture catholicisme-Kimbanguisme

La publication de la « *déclaration de la conférence épiscopale nationale du Congo sur les relations de l'Eglise catholique avec le Kimbanguisme* » avaient suscité des interprétations non conformes à la réalité.

Selon la quasi majorité des interprétations et/ou des réactions chaudes enregistrées à ce jour, on peut retenir cet argument fondamental qui exploite le registre de l'émotionnel au sein de l'Eglise kimbanguiste : « Les Catholiques sont contre les Kimbanguistes. Ils ont d'ailleurs toujours été contre les Kimbanguistes. C'est la raison pour laquelle, il n'est pas étonnant qu'hier comme aujourd'hui encore, cette Eglise qui a toujours combattu le Kimbanguisme ne puisse pas changer son attitude vis-à-vis de l'Eglise kimbanguiste… ! »[29]

Qu'en est-il de la rupture ? L'extrait de la décision nous éclairera :

1. « Nous, Cardinal, Archevêques et Evêques de la Conférence Episcopale Nationale du Congo ;

- réunis en Assemblée plénière à Kinshasa du 28 juin au 3 juillet 2004 ;
- conscients de notre rôle de Pasteurs du peuple de Dieu qui est en RDC;

---

[29] Lire pour le débat à ce sujet : Nduku-Fessau Badze, « **A propos de la « déclaration de la conférence episcopale nationale du congo sur les relations de l'église catholique avec le kimbanguisme ».Dépassionner le débat ! »** in *Religioscope –Documents – Août 2004 ;*

- soucieux de dépasser les divisions, de cultiver, dans la vérité, le dialogue œcuménique avec les autres Eglises et Communautés ecclésiales et de promouvoir par tous les moyens l'unité entre tous les chrétiens, conformément aux principes catholiques de l'œcuménisme, lesquels sont fondés sur l'unité de la foi, de l'espérance et de la charité pour constituer le peuple de la Nouvelle Alliance qu'est l'Eglise;
- respectueux de la dignité de la personne humaine et de la liberté qu'a tout homme de chercher la vérité et d'y adhérer selon ses propres croyances ou convictions et selon son désir de relation à Dieu;
- préoccupés par la récente évolution de la situation doctrinale au sein de la Communauté kimbanguiste ;
- avons pris, **dans le but d'éclairer nos fidèles catholiques**, la résolution de **nous prononcer sur la nature des relations à entretenir avec les Kimbanguistes**.

Et le catholicisme part d'un constat :

Constats

2. Le titre officiel de la Communauté kimbanguiste est : « Eglise de Jésus-Christ sur terre par son envoyé spécial, le Prophète Simon KIMBANGU ». De par sa genèse, **cette communauté est reconnue comme une fille dissidente de l'Eglise protestante**. A ce titre, elle a été recommandée par l'Eglise du Christ au Congo auprès du Conseil des Eglises de Toute l'Afrique (CETA) et du Conseil Œcuménique des Eglises (COE).
3. Si, au départ, la pensée et l'action de cette Communauté de foi étaient conformes à l'esprit et aux principes chrétiens universellement reconnus, basés sur la reconnaissance de Jésus-Christ comme Dieu et Sauveur selon les Ecritures, et à la foi au Dieu unique en Trois Personnes, **tel n'est plus le cas aujourd'hui** où l'évolution récente de la doctrine kimbanguiste conduit vers de graves aberrations et dérapages, par rapport à la doctrine chrétienne.
4. En effet, **aujourd'hui certaines affirmations attestent une nette identification des trois fils du Prophète Simon KIMBANGU** : KISOLOKELE, DIALUNGANA et DIANGENDA, **aux trois Personnes de la Sainte Trinité**. Or celle-ci est la vérité sur laquelle repose la foi de tous les

chrétiens et qui est l'enseignement fondamental dans la « hiérarchie des vérités de foi ». Ce mystère de foi ne peut en aucune manière être conçu à la mesure humaine.

5. **De telles affirmations, qui manifestent l'idolâtrie et la divinisation des hommes, prouvent que la Communauté kimbanguiste n'est plus une Eglise chrétienne**. Par le fait de diviniser les trois enfants du Prophète Simon KIMBANGU, elle nie la Sainte Trinité. Le Kimbanguisme est dès lors une religion non-chrétienne, et doit être traité comme tel.

Et la conclusion du catholicisme contre les kimbanguisme est un verdict clair :

6. C'est pourquoi, les relations de l'Eglise catholique avec le Kimbanguisme doivent être celles qu'elle entretient avec les autres religions non-chrétiennes. Par conséquent :

- Le baptême kimbanguiste est invalide pour les chrétiens catholiques, puisqu'il n'est pas conféré au nom de la Sainte Trinité (cf. Mt 28, 19).
- Les chrétiens catholiques ne peuvent plus faire l'œcuménisme spirituel (prières œcuméniques) avec les Kimbanguistes. Fait à Kinshasa, le 3 juillet 2004

Cette décision prise en 2004 rompait définitivement les relations entretenues entre *l'Eglise catholique romaine* (ECR) et *l'Eglise de Jésus-Christ sur la terre par son Envoyé Spécial Simon Kimbangu* (EJCSK), pour les Kimbanguiste c'était la preuve de « la haine »1 que les Catholiques n'auraient cessé de manifester à l'égard des Kimbanguistes.

L'église catholique avait décidé de ne plus célébrer le culte œcuménique avec l'église Kimbanguiste pour la raison suivante : Pour le catholicisme, l'église kimbanguiste au départ était *l'église du Christ sur la terre par le prophète Simon Kimbangu* qui du reste confessait sa foi en Jésus-Christ et Dieu le père.

La surprise était de voir que l'église Kimbanguiste changeait ou faisait un revirement de doctrine en disant que les trois fils de Tata Simon Kimbangu sont Dieu le père, Dieu le fils et Dieu le saint esprit. Chose que les catholiques trouvèrent comme blasphème de la sainte Trinité et pour eux le kimbanguistes font le culte de l'homme.

La perception par les kimbanguiste est alors d'accueilli cette décision, comme « une véritable exclusion » ; comme si les Catholiques, dans leur insoutenable, insupportable arrogance vis-à-vis des Kimbanguistes, les avaient finalement, définitivement exclus du Christianisme, c'est-à-dire de « l'Eglise universelle dont Jésus-Christ est le fondement

3. LE CATHOLICISME

Depuis l'époque missionnaire, le catholicisme à travers les paroisses et missions vivent en interaction avec leur environnement socioculturel, politique et économique. En plus de l'évangélisation qui est leur activité principale, elles participent pleinement à la promotion sociale par des actions de développement économique du pays. Elles se sont inscrites dans cette dynamique sociale en stimulant les structures civiles qui permettent la réalisation de leurs ambitions, par la formation des personnes, la création des cadres de développement social, économique et culturel.

L'Administration coloniale s'appuyait sur la religion chrétienne catholique basée sur l'autorité et considérée comme capable de changer la mentalité indigène. C'est dans cette optique que, pour faciliter l'évangélisation, le colonisateur a poursuivi les Eglises traditionnelles, en interdisant les mouvements messianiques noirs et en renforçant la surveillance sur l'Islam pour éviter que les indigènes ne fussent écartés de la civilisation européenne (Mutamba, 1998 :135).

3.1. Catholicisme ancien, les 3 E ou trilogie coloniale

C'est dès 1488 que débuta l'influence catholique sur la région de l'embouchure du Congo. Diego Cao, à la recherche d'une voie plus sûre pour arriver aux Indes arrive à Mpinda, à l'embouchure du fleuve Congo. Dans la foulée, débarquent les premiers missionnaires catholiques portugais. Ceux-ci ont baptisé le Roi Nzinga Kuvu sous le nom de Joao Ier (Jean Ier). En 1518, l'un des princes du royaume Congo, Don Henri est envoyé aux études à Rome où il sera nommé premier évêque originaire d'Afrique Subsaharienne.

Par la suite, l'Église a constitué l'un des piliers de la trinité coloniale, avec l'administration belge et les compagnies à charte — des sociétés privées qui prélevaient des impôts et détenaient des concessions minières.

Pendant l'époque coloniale, l'implication de l'Eglise catholique dans la vie sociale était déjà vigoureuse et se traduisit entre autres en 1954 par la création à Léopoldville (actuelle Kinshasa) de l'Université du Lovanium (l'actuelle Université Nationale du Congo) par le biais des pères Jésuites.

Le Congo belge avait connu un pouvoir colonial paternaliste et autoritaire, voire dominateur et répressif. Ce système était basé sur l'usage de la force et non sur le dialogue et la persuasion. Claude Prudhomme (2005 :91) constate que la collaboration entre l'Administration et les missionnaires belges était tellement étroite que ceux-ci ont pratiqué les mêmes méthodes dans la façon de traiter leurs fidèles congolais.

Lors de la grande campagne antiesclavagiste patronnée par le Saint-Siège qui les encourageait à pratiquer à grande échelle le rachat d'esclaves, les pères blancs de Mgr Lavigerie furent critiqués pour leur méthode puisqu'elle donna lieu à d'inquiétants dérapages. Leur lutte initialement tournée en priorité contre la traite musulmane, les pères scheutistes belges en font l'amère expérience quand une enquête internationale établit, en 1906, qu'ils ont collaboré à la création de colonies scolaires formées d'enfants prétendument abandonnés, recrutés de force pour constituer la future milice coloniale de l'État indépendant du Congo (devenu plus tard Congo Belge). On observe dans le comportement de missionnaires une naïveté et un manque de sens critique, mais aussi une exportation de méthodes qui voient dans le recours à l'autorité un moindre mal et le moyen le plus efficace de transformer les mœurs « sauvages » des populations.

Si certains missionnaires exercent courageusement une fonction de recours et de protection contre les abus coloniaux, d'autres manifestent une grande complaisance pour la domination peu respectueuse des individus. En toute bonne conscience, ils recourent eux-mêmes au travail forcé des enfants dans leurs ateliers et leurs exploitations agricoles, au prétexte que celui-ci existe dans les sociétés indigènes.

Beaucoup sont dissuadés de protester par la volonté de se poser en patriotes exemplaires aux yeux de leurs concitoyens, en un temps de luttes religieuses où pèse sur eux le soupçon d'être au service d'autorités étrangères. Face aux dérives coloniales, ils se contentent d'exprimer dans leur correspondance leurs critiques de manière privée ou confidentielle pour ne pas alimenter l'anticolonialisme.

Le catholicisme connait au XVIIième siècle et XVIIIème siècle un conflit qui empoisonne toute la mission catholique, de 1645 à 1742 environ, c'est la querelle des rites, avec ses diverses variantes, rites chinois ou malabars. Au-delà des questions techniques sur le culte des ancêtres ou d'autres aspects des religions ou spiritualités orientales, cette querelle revêt plusieurs enjeux. Elle peut apparaître, tout d'abord, comme une reprise en main des missions par la papauté.

Elle a, d'autre part, un arrière-plan anthropologique important, au point de pouvoir être présentée, au moins partiellement, comme un avatar de la querelle janséniste. À ceux qui affirment que seule la volonté de Dieu fonde un agir humain menant au salut, les jésuites, ou du moins la plupart d'entre eux, défendent un libre arbitre humain permettant un agir juste, ce qui permet une attitude ouverte envers d'autres cultures et l'acceptation de certains éléments des civilisations étrangères. N'exagérons pas l'ouverture des jésuites : il ne s'agit pour eux que d'accommodements sur des points qui leur paraissent mineurs, afin que les rites se purifient peu à peu et soient pleinement compatibles avec le christianisme, seule religion détenant la vérité ; la position n'est pas fondamentalement différente de celle qui est observée face aux coutumes populaires dans les campagnes européennes.

Si les accommodements sont plus importants avec les Chinois qu'avec d'autres peuples, c'est que ceux-ci, comme les Japonais et les Indiens, sont considérés, depuis le *De Procurenda Indorum salute* de José de Acosta (1589), parmi les peuples civilisés envers lesquels il faut se conduire comme l'avaient fait les premiers chrétiens envers les Grecs et les Romains.

La thèse inverse, anti-jésuite, considère que tous les païens sont irrémédiablement damnés. La défaite des jésuites est le symptôme de la poussée du rigorisme chrétien et d'une conception plutôt pessimiste de la nature humaine, peut-être d'autant plus mise en avant qu'elle s'oppose aux nouvelles idées philosophiques. Elle marque aussi un progrès de la centralisation romaine, qui ne permet plus les initiatives locales.

On est donc au rebours de l'évolution du protestantisme. De même, alors que les missionnaires protestants, en particulier les piétistes, s'intéressent aux cultures étrangères, les missionnaires catholiques n'ont que dédain pour elles. Les prêtres des Missions étrangères, en 1787, écrivent que « la plupart des livres des païens ne sont qu'un assemblage monstrueux d'absurdités, de superstitions, de fables et de quelques grands principes de la loi naturelle confondus dans un tas d'ordures ».

Ils ne sont pas les seuls. Les premiers récits de missionnaires, au XVIe siècle, montraient souvent l'émerveillement des religieux pour l'Orient ; les récits suivants, y compris ceux des jésuites, sont de plus en plus stéréotypés et critiques envers les peuples lointains.

La défaite des jésuites dans le domaine de la conception missionnaire est suivie des attaques contre la Compagnie de Jésus, puis de sa suppression d'abord dans certains pays, puis dans toute l'Église en 1773.

Concrètement, cela signifie la fin du plus grand ordre missionnaire (il y a alors trois mille jésuites en poste) ; les autres ordres ont des effectifs beaucoup plus modestes : en 1780, on compte trente-cinq prêtres des Missions Etrangères en Asie. L'Église catholique se prive ainsi d'un personnel nombreux et de qualité, au moment de l'essor des missions protestantes.

3.2. Catholicisme face au pouvoir dictatorial et à la démocratisation

Quelques années avant l'indépendant, en 1957, le premier évêque est nommé (Monseigneur Kimbodo) et la première faculté de Théologie en Afrique voit le jour.

À l'indépendance, la structure catholique a joué un rôle plutôt conservateur et défavorable à la vision de Patrice Lumumba et lors de la sécession katangaise.

C'est, après l'indépendance, que le président Mobutu qui commence à mettre en œuvre, le processus dictatorial, se retrouvera constamment en confrontation face à une Eglise catholique incarnée par le Cardinal Malula (archevêque de Kinshasa 1964-1989). L'Eglise catholique fut parmi les rares institutions à ne pas lui être assujettie.

A titre d'exemple, Mgr Malula avait demandé, en vain, à Mobutu de gracier quatre ministres, accusés de conspiration contre le régime, avant que ceux-ci soient finalement pendus sur la place publique à la pentecôte 1966 pour « *haute trahison* ». Mobutu, conscient de la puissance et de l'omniprésence catholiques sur le territoire congolais, voulut utiliser cette position tentaculaire au profit de son parti en cherchant à créer au sein de chaque paroisse des comités de la jeunesse du MPR parti-état.

L'Eglise refusant de lui donner une suite favorable, cela incarna un point de discorde majeur entre les deux protagonistes.

En 1991, Mobutu dont le régime est au crépuscule, cherchera un soutien du côté de l'Eglise catholique ainsi l'évêque Laurent Monsengwo fut élu à la présidence de la Conférence Nationale Souveraine (CNS): organe supra étatique et représentatif mis en place chargé de préparer la transition démocratique. C'est un symbole de rassemblement qui est lancé. De nombreux congolais se sont ainsi reconnus dans les positions en faveur du bien commun prônées par ce leader issu de l'Eglise catholique.

Son profil semblait répondre aux aspirations démocratiques et libérales du peuple congolais. Le Cardinal Monsengwo, d'abord président de la CNS puis du HCR-PT (Haut Conseil de la République-Parlement de transition), se positionnera par la suite comme médiateur dans « le combat des chefs » entre Mobutu et E. Tshisekedi (le père de l'actuel Président Felix Tshisekedi).

Ce rôle joué par l'Eglise congolaise4 à travers la CENCO dans le processus de transition démocratique eut une signification historique aux yeux de nombreux protagonistes, témoignant de la volonté de l'institution de privilégier le bien-être de la population aux aspirations politiques et politiciennes.

Le mémorandum des évêques du 9 mars 1990 dans lequel les évêques soulignent la lourde responsabilité de Mobutu dans la situation catastrophique du pays leur avait valu, ainsi qu'à ceux qui l'ont publié, de nombreuses critiques et sanctions de la part du pouvoir. Toutefois, cela a abouti à une ferveur populaire.

La marche chrétienne de 1992, en a été le corollaire principal. Elle est appelée « marche de l'espoir » bien qu'elle ait illustré, de manière plus concrète, les dangers qui guettent les effets de l'engagement politique et actif de l'Eglise Catholique dans ce pays.

La CNS, dans son élan de popularité fut jugée menaçante par Mobutu qui finit par la suspendre en 1992. En réaction, des citoyens, intellectuels, professeurs d'université et étudiants universitaires de Kinshasa, montèrent au créneau. Ils créèrent, le premier mouvement du Comité Laïc de Coordination (CLC).

Isidore Ndaywel, un des pionniers de ce mouvement s'interrogeait : « Quelles stratégies mettre en place pour emprunter des raccourcis qui mènent droit au développement ? Le climat général de désordre social contribue à assombrir encore un horizon toujours nuageux»[30].

En 2016, face au blocage politique du pays, le CLC est revenu sur le devant de la scène. Forts de leurs convictions, face à la passivité constatée après les réguliers messages et appels engagés des Evêques (2016-2018), les intellectuels catholiques ont voulu servir de base populaire pour transformer les messages des Evêques en actions concrètes ; notamment en organisant de nombreuses manifestations. Cela permettait

---

[30] I. NDAYWEL è NZIEM, *Histoire générale du Congo, De l'héritage ancien à la République démocratique* , Paris Bruxelles, Duculot, Afrique-Editions, 199, p. 815.

aussi aux évêques de se protéger, d'un point de vue sécuritaire d'une part, mais aussi d'un point de vue politique. Ceux-ci voulaient garantir le caractère neutre de leur démarche, et éviter d'être perçus comme des opposants politiques.

L'objectif du CLC était d'accomplir des actions concrètes afin d'orienter le pays vers un processus électoral transparent et démocratique en RD Congo. Tous les évêques, n'ont pas immédiatement autorisé, spécifiquement, l'existence de nouveaux noyaux de ce mouvement (CLC) dans leur diocèse respectif. Nombre de jeunes néanmoins, même des non-catholiques, se sont identifiés au CLC et ont emboîté le pas en manifestant en concomitance dans les espaces publics en provinces sans attendre d'y être appelés. Le CLC n'est donc pas encore une réalité organisée au sein de toutes les structures de l'Eglise en RD Congo. Il est important de noter qu'il existe dans chaque diocèse un Conseil de l'Apostolat des laïcs catholiques du Congo (CALCC).

A l'échelle individuelle, il est évident que les chrétiens de RD Congo comme d'ailleurs sont libres de s'engager dans les partis politiques ou dans des mouvements citoyens La société congolaise n'est pas régie par une réglementation particulière en matière de neutralité laïque. Par contre, en termes de communauté globale, les chrétiens n'ont pas à s'engager dans des combats électoraux de la même façon que des partis politiques. C'est la limite que la CENCO a cherché à ne pas franchir, en respectant scrupuleusement la séparation de l'Eglise avec le pouvoir.

On voit aussi apparaître dans la conscience des personnes croyantes une articulation importante entre la spiritualité et l'exigence d'une intervention dans la vie de la cité. Elle vit la coprésence spirituelle/temporelle et en même temps la distinction. Mais ici, pas de séparation : c'est dans son unité que la personne s'engage. Pour l'équilibre de la laïcité, il est essentiel que les deux plans de l'intervention ne soient pas confondus.

Il appartient donc à ces personnes de participer au débat, d'être là où les idées s'opposent, d'abord pour contribuer à façonner le bien commun, et ensuite, pour ne pas prendre la parole seules. L'Eglise Catholique en RD Congo, tout en restant dans les compétences qui lui sont reconnues, dans les limites de son rôle, doit s'exprimer sur les problèmes sociétaux qui traversent la société. C'est pour cette raison que les Evêques de la CENCO produisent régulièrement des messages pastoraux et des déclarations engagées qui, le plus souvent, ont pu défrayer la chronique.

À titre d'exemple, la déclaration « le pays va très mal. Débout congolais ! » : Cette déclaration avait fortement indisposé le Gouvernement, lorsque la CENCO y avait réclamé1 que le président Joseph Kabila annonce publiquement qu'il ne serait pas candidat aux élections présidentielles. « L'imbroglio politique *(en République démocratique du Congo) et la souffrance de la population qui en résulte dépassent le seuil du tolérable* », estimaient les évêques catholiques congolais.

3.3. La CENCO, une structure à visée sociétale31

Pour mettre en œuvre l'éthique chrétienne, le Catholicisme en République démocratique du Congo s'est organisé à travers une structure. Laquelle met en œuvre la doctrine sociale de l'Eglise. La CENCO repose sur une assise territoriale qui lui confère une certaine légitimité. A travers ses 1450 paroisses reparties en 47 diocèses et 6 provinces ecclésiastiques (archidiocèses). Au sommet de cette organisation territoriale et administrative se trouve la CENCO où siègent tous les archevêques et évêques du pays. A travers son président élu par ses pairs, la CENCO intervient dans de nombreux domaines de la société dans laquelle elle est impliquée directement ou via ses ramifications.

Cela n'est pas symptomatique d'une volonté d'ingérence de la structure catholique. Comme la CENCO l'a répété à maintes reprises ce n'est pas son rôle mais elle veut, surtout lorsqu'elle y est invitée par les acteurs majeurs, s'impliquer via les valeurs chrétiennes qui sont les siennes : respect des droits

---

[31] J'emprunte et m'inspire de Patrick Balemba dans le texte de Justice et Paix, *L'implication de l'Eglise catholique dans la politique en République démocratique du Congo. Un protagoniste traditionnel face au pouvoir,* justice et paix Belgique, Version web, consulté le 19 août 2020.

humains, justice, etc. Elle conduit donc son action sur base de ses valeurs intrinsèques. L'Eglise Catholique en RD Congo concrétise ses engagements politiques via ses différentes structures des Commissions Justice et Paix. Ces dernières sont très actives en termes de plaidoyer, mais aussi de sensibilisation et d'observations électorales, ou relatives aux droits humains.

La structure a déployé en 2018, à l'occasion des élections nationales, plus de 40.000 observateurs électoraux spécialement formés pour suivre le déroulement du scrutin jusqu'au dépouillement des résultats. En l'absence de toute mission étrangère d'observation, ce processus gigantesque a cherché à couvrir plus de deux tiers des bureaux de vote présents sur tout le pays ; et ce afin de respecter les critères internationaux en matière de transparence électorale.

D'autres structures liées à l'Eglise continuent également à œuvrer en RD Congo en apportant le concours nécessaire à la société civile comme la CERN (Commission Episcopale pour les Ressources Naturelles). Celle-ci recueille les données relatives à l'exploitation des ressources naturelles dans tout le pays. Elle a notamment travaillé avec ses partenaires et organisations de la Société civile pour la récente réforme du Code minier Congolais.

Comparativement aux Eglises précédentes, c'est-à-dire celles issues du protestantisme et du kimbanguisme, La force de l'Eglise Catholique en RD Congo ne tient pas seulement à la grande majorité de ses adeptes mais aussi au fait de son organisation pyramidale qui lui permet de quadriller l'ensemble de cet immense territoire de 2.345.409 km². Ses différentes représentations à travers le pays, partagent une organisation administrative, mais aussi une doctrine et des pratiques communes. Elle est considérée comme « la plus grande Eglise catholique d'Afrique et l'institution la plus ordonnée de la RD Congo»

Enfin, l'institution catholique agit dans les provinces à travers ses différents services diocésains comme le centre diocésain de pastorale, catéchèse et liturgie (CDPCL), Caritas, commission diocésaine Justice et Paix (CDJP), Bureau diocésain de développement (BDD), Bureau Diocésain des Œuvres médicales (BDOM), Economat Général, etc. Il est à noter aussi qu'il existe, au niveau des paroisses, différentes communautés ecclésiales vivantes (CEV) disséminées dans chaque quartier afin d'opérationnaliser au niveau le plus local et décentralisé possible les actions de l'institution. Grâce à toutes ses structures sociales (écoles, hôpitaux, projets de développement et d'entraide charitable...), la religion catholique conserve un accès très important à une multitude de publics congolais.

Les relations entre Église et monde politique sont, quant à elles, en partie régies par le principe consacré par la constitution, à savoir la laïcité, dont les piliers sont la liberté de croyance, d'exercice du culte et l'autonomie réciproque des Églises et de l'État. Mais quelques 66.5% de Congolais privilégieraient l'orientation religieuse à la patrie ou l'ethnie. Ainsi, une frange non négligeable de chrétiens demeure sensible aux orientations des leaders de religions.

CONCLUSION

La conclusion de ce livre n'en est pas un. En effet, ce premier tome n'est qu'un balisage du débat. Il mérite d'autres recherches monographiques : Eglises par Eglises impliquant aussi les religions traditionnelles africaines, l'islam et les mouvements ésotériques d'origine orientale.

Cette tâche, pourra éventuellement se compléter dans le cadre d'un colloque sur les trajectoires passés et actuels du protestantisme, catholicisme, kimbanguisme, l'islam et les religions ésotériques orientales en République démocratique du Congo depuis plus de 5 décennies.

Du protestantisme retenons que depuis des décennies, les sectes protestantes jouissent d'un engouement grandissant en Afrique Noire. En effet, outre l'aspect anticolonialiste qu'elles revêtaient à l'époque de la décolonisation, en particulier en Afrique francophone, elles sont considérées par de nombreux Africains comme appartenant à un mouvement religieux vivant, dynamique, joyeux, laissant libre cours à la spontanéité, à la transe et aux chants. Elles mettent l'accent sur une profession de foi personnelle et se caractérisent, entre autres, par la sanctification divine. Bref, les miracles.

En d'autres termes, elles sont, pour beaucoup d'africains, exemptes de la froideur et de la rigidité dont on accuse le catholicisme, d'autant plus que certains de leurs rites se rapprochent des rituels animistes africains. À vrai dire, la conquête religieuse de l'Afrique par les églises évangéliques est clairement stratégique et pour les pasteurs locaux, lesquelles trouvent de l'embauche, et pour les pays de provenance des missionnaires évangélistes à l'instar des Etats-Unis. Il est certain que l'Amérique cherche et à toujours chercher à compenser son retard dans la conquête coloniale africaine, la religion étant son moyen privilégié d'influence au même titre que sa participation financière et matérielles colossale dans les organisations des Nations – Unies.

Pour ce qui est du catholicisme, sa trajectoire reste toujours emprunte des séquelles du colonialisme et la liquidation de cette face coloniale. La colonisation a légué au Catholicisme, un ensemble d'infrastructures dont l'entretien pose toujours problème depuis l'indigénisation.

L'Administration coloniale s'appuyait sur la religion chrétienne catholique basée sur l'autorité et considérée comme capable de changer la mentalité indigène. C'est dans cette optique que, pour faciliter l'évangélisation, le colonisateur a poursuivi les Eglises traditionnelles, en interdisant les mouvements messianiques noirs et en renforçant la surveillance sur l'Islam.

L'Eglise Catholique, par sa doctrine sociale vigoureuse, son réseau des paroisses et services humanitaires, reste très active, on l'a vu, dans quelques phases historiques du pays. Le plus souvent elle intervient pour renforcer les services de l'Etat ou prendre carrément sa place en offrant les services là où l'Etat est défaillant ou absent, en matière d'éducation, de santé, de respect des Droits humains.

Par la CENCO, à travers le temps, le catholicisme a prouvé qu'il détient des institutions qui font encore aujourd'hui de l'Eglise catholique une actrice majeure, contrepoids important dans la donne socio-politique congolaise. Malgré quelques divergences et dissensions mineures saupoudrées de polémiques internes, elle s'est efforcée à ne pas céder à la pression de devoir suspendre les services publics qu'elle fournit au peuple congolais pour exiger le dénouement politique. L'Eglise catholique reste encore une des rares structures organisée et reconnue par le peuple congolais sur laquelle il peut s'appuyer pour mieux canaliser et soutenir les efforts de développement humain et social, mais aussi se mobiliser, à la fois individuellement et collectivement.

Quant au Kimbanguisme a ceci d'intéressant : Kimbangu a permis de catalyser, une série des tensions héritées des situations de domination religieuse et politique vécue par les bakongo depuis le XVème siècle. La religion kimbanguiste est issue d'une dynamique interculturelle de syncrétisation faite par une inculturation profonde des valeurs « animistes » Kongo et d'un christianisme sur longue durée.

Aujourd'hui l'Eglise Kimbanguiste s'est répandu dans presque toutes les provinces de la République démocratique du Congo à la suite des relégations, des mutations ou déplacements des agents publics. S'inspirant du modèle de macrostructures catholiques, la communauté kimbanguiste a investi dans des infrastructures impressionnantes telles les bâtiments des cultes imposants, les Ecoles, les Universités, les dispensaires et les hôpitaux.

Les accointances avec les pouvoirs politiques postcoloniaux, lui ont permis de s'imposer comme Eglise nationale à part entière mais aussi comme Eglise vraiment africaine et congolaise. La proclamation de Simon Kimbangu comme l'esprit saint, vient en effet balancer toute la théologie. Proclamation apparemment anodine mais qui recouvre une remise en question de cet évangile dont l'accomplissement des hauts faits spirituels et historique ne se joue qu'en dehors de l'Afrique.

Déjà en octobre 1491, après le départ de la flotte portugaise, profitant d'une première christianisation du royaume Kongo menée très superficiellement par les missionnaires, le parti « traditionaliste » revint à la charge, appuyé par un fils du roi, Mpanzu Nzinga, qui avait refusé le baptême. Le roi se laissa convaincre et revint à ses croyances ancestrales, polygamie, fétichisme : qui en soit, sont les signes et les éléments intrinsèque au pouvoir ancestral traditionnel. Le chef est en Afrique : un roi thaumaturge. Ce retour aux traditions ancestrales illustrait et illustre encore aujourd'hui le fragile équilibre à peine instauré par une nouvelle religion insuffisamment établie dans une contrée dont les traditions séculaires étaient encore vivement dynamiques et dont le catholicisme est l'héritier, homogènes et fortement ancrées dans la vie des populations africaines, un sauveur noir revenant en esprit-saint peut alors nous sauver tous. Céder facilement aux éléments apportés par une culture, même biblique, emprunte de trop d'occidentalisme interprétatif n'est pas possible.

Que Nkamba soit la ville sainte et sollicite le statut de ville internationale à l'exemple du Vatican, est une manière de minimiser le Vatican (symbolique des missionnaires blancs hostiles à Simon Kimbangu et donc au noir), la ville de Jérusalem (car Jésus est maintenant réincarné au Bas-Congo précisément à Nkamba par son esprit saint qui est Simon Kimbangu), la Mecque.

Nombril de la foi, Nkamba devra alors canaliser les forces spirituelles et politiques noires et, par la suite, de toute la chrétienté pour la libération spirituelle du monde par les peuples noirs de la République démocratique du Congo.

Mon désir ardent est, enfin : que ce livre suscite en ces différents chapitres d'autres ouvrages plus outillés, cela sera ma haute et pleine récompense pour la plus grande gloire de Dieu. Que la mémoire de l'historien belge Léon de saint-Moulin qui a passé toute sa vie à étudier le Congo accompagne tous les chercheurs en histoire de l'Eglise qui me compléteront.

BIBLIOGRAPHIE

Anne Mélice, « Le kimbanguisme : un millénarisme dynamique de la terre aux cieux ». *Bulletin des séances de l'Académie royale des sciences d'outre-mer*, no 47, 2001, p. 35–54.

Anne Mélice, « Le kimbanguisme et le pouvoir en RDC entre apolitisme et conception théologico-politique » in *Civilisation : Revue internationale d'anthropologie et des sciences humaines*, 58-2, 2009, pp. 59-76.

Anne Mélice et Sarro Ramon SARRÓ, « Kongo-Lisbonne : la dialectique du "centre" et de la "périphérie" dans l'Église kimbanguiste ». *Canadian Journal of African Studies*, vol. 46, no 3, 2012, p. 411–427.

Aurélien Mokoko Gampiot, « Être kimbanguiste et agir au féminin au sein de la diaspora kimbanguiste » in *Religiologiques*, n° 36, printemps 2018, 13–37.

Cl. Prudhomme, Missions chrétiennes et colonisation. XVIe-XXe siècle, Paris, Cerf, 2005.

Faustin – Noël Gombaniro, *L'implantation missionnaire au Congo-RDC*, thèse de doctorat en Sociologie, Université Panthéon Sorbonne, 2006.

Fatimata Burki, « Dans la RDCongo, des centaines de milliers des fidèles évangéliques », voir site https://www.la-croix.com/Religion/Actualite/Dans-la-RD-Congo-des-centaines-de-milliers-de-fideles-evangeliques-2015-05-06-1309834. Consulté le 19 aout 2020.

Fohle Lygunda li-M, « De la Réforme protestante au protestantisme congolais : perspectives d'une évaluation missiologique, in *Actes des conférences sur les 500 ans de la Réforme protestante* organisées par l'Université Shalom de Bunia du 29 au 31 octobre 2017, pp.131-151.

François Bontinck, « Le Zaïre « découvert » avant Diogo Câo ? », dans *Africa,* Rome, XXXI (1976 : 347-365).

Gaziaux Éric. Fondements et perspectives d'une éthique chrétienne. In: *Revue théologique de Louvain*, 44e année, fasc. 3, 2013. pp. 329-364

Ibrahima Baba, Kaké, 1976, *Dona Béatrice, la Jeanne d'Arc congolaise*. Paris : A.B.C (Afrique biblio club) / Dakar : N.E.A. (Nouvelles éditions africaines), 1976.

Isidore Ndaywel-E-Nziem, *Histoire générale du Congo, De l'héritage ancien à la République démocratique du Congo*, Paris Bruxelles, Duculot : Afrique-Editions, 1998.

Jean Toulat, *Dom Helder Camara*, Paris, Centurion, 1989.

Jean-Luc Malango, *Histoire de l'Eglise en Afrique et en République démocratique du Congo*, Bukavu: Centre d'Etudes et de Recherches Sociales, Economiques et en Communication des Institutions Congolaises, (C.E.R.S.E.C.I.C), 2016.

Jean-Luc Malango, *Histoire politique de la République démocratique du Congo*, Bukavu : Centre d'Etudes et de Recherches Sociales, Economiques et en Communication des Institutions Congolaises, (C.E.R.S.E.C.I.C), 2020.

Jean-Luc Malango, *Histoire de l'Eglise en Afrique et en République démocratique du Congo*, Bukavu: Centre d'Etudes et de Recherches Sociales et Economiques et en Communication des Institutions Congolaises, (C.E.R.S.E.C.I.C), 2020.

Jérémie Kroubo Dagnini, « Dictatures et protestantisme en Afrique noire depuis la décolonisation: le résultat d'une politique françafricaine et d'une influence américaine certaine », in *Historia Actual Online* 2008, p. 112, consulté le 18 aout 2020.

Joseph Diangienda Kuntima, *L'histoire du kimbanguisme*. Kinshasa : Éditions kimbanguistes, 1984.

J. Faure, *Histoire des missions et Églises protestantes en Afrique occidentale des origines à 1884*, Yaoundé : Clé, 1978, p. 28-30.

Patrick Balemba , *L'implication de l'Eglise catholique dans la politique en République démocratique du Congo. Un protagoniste traditionnel face au pouvoir,* justice et paix Belgique, Version web, consulté le 19 août 2020.

Stanley Hauerwas, *Le Royaume de paix, Une initiation à l'éthique chrétienne*, Paris :Bayard, 2006

Trésor Kibangula, « RDC : Arrestation du pasteur Mukungubila, instigateur présumé des attaques du 30 décembre » in *Jeune-Afrique*, 15 mai 2014. Site : *https://www.jeuneafrique.com/163769/politique/rdc-arrestation-du-pasteur-mukungubila-instigateur-pr-sum-des-attaques-du-30-d-cembre/* , consulté le 20 août 2020.

Susan Asch, *L'Église du prophète Kimbangu, de ses origines à son rôle actuel au Zaïre*, Paris, Éditions Karthala. 1983.

Yves Krumenacker, « Partir au Groenland au 18e siècle. Autour de la mission de Hans Egede », in Jean Pirotte (dir.), *Les conditions matérielles de la mission*, Paris : Karthala, 2005, p. 47-58

Yves Krumenacker, « Le protestantisme et les découvertes au XVIe siècle », in *Découvertes et explorateurs*, Bordeaux, Histoire au Présent / Paris : L'Harmattan, 1994, p. 239-251.

TABLE DES MATIERES

Printed by Books on Demand GmbH, Norderstedt / Germany